스마일시니어는 십여년간 파트너 센터의 전반적인 업무를 지원해왔습니다.
관련된 일을 통해 경험한 일들과 터득한 다양한 노하우를
장기요양기관의 많은 분들과 나누고자 책을 출간하게 되었습니다.
스마일시니어 에듀는 본 책외에도 다양한 영상교육과 대면교육을 진행하고 있습니다.

방문요양센터 평가의 모든 것! 방문목욕편은
각 지표별 평가방향, 평가기준, 확인방법을
기관에서 좀 더 쉽게 이해하고 준비하실 수 있도록 준비했습니다.

귀한 의견을 내주신 장기요양 관계자분들과 노인장기요양기관분들께
감사를 표합니다.
이 책이 나오기까지 함께 수고해주신 분들께 진심으로 감사드립니다.

- 스마일시니어 에듀 -

CONTENTS

1 매뉴얼 일반사항

1. 개요 ··· 6
2. 구성 ··· 6
3. 평가방법 ··· 7
4. 장기요양기관 협조사항 ··· 7
5. 기관평가 ··· 7
6. 직원·수급자 평가 ·· 8
7. 평가문항 척도 점수 산출방법 ··· 9
8. 직원·수급자 평가기준 점수 산출방법 ··· 9
9. 용어설명 ··· 9

2 방문목욕

1. 기관운영 ··· **10**

  1. 운영규정 ··· 11
  2. 직원회의 ··· 14
  3. 경력직 ··· 16
  4. 건강검진 ··· 17

5. 보수 ·· 19

6. 5대보험 및 퇴직금 ·· 23

7. 직원복지 향상 ··· 26

8. 직원권익 보호 ··· 29

9. 직무교육 ·· 33

2. 환경 및 안전 ·· **34**

10. 개인정보보호 ··· 35

11. 위생적 급여제공 ·· 37

12. 목욕장비 ·· 40

13. 위험도 평가 ··· 42

3. 수급자 권리보장 ··· **46**

14. 수급자 존중서비스 ··· 47

15. 급여제공 안내 ··· 50

16. 방문상담관리 ··· 53

17. 급여제공 역량관리 ··· 55

18. 재가급여 관리시스템 ····································· 57

19. 시간준수 ·· 58

20. 수급자 알권리 보장 ······································· 59

4. 급여제공 과정 ········· 61
21. 계약체결 및 통보 ········· 62
22. 욕구사정 ········· 64
23. 급여제공계획 ········· 67
24. 급여제공 적절성 ········· 70
25. 욕구반영 ········· 71
26. 직원변경 ········· 73
27. 목욕전·후 상태관찰 ········· 76
28. 적정목욕 급여제공 ········· 77
29. 수급자 안전관리 ········· 79
30. 사례관리 ········· 81

5. 급여제공 결과 ········· 82
31. 급여제공 결과평가 ········· 83
32. 노인인권 보호 ········· 86
33. 서비스 만족도 조사 ········· 89
34. 질향상 노력 ········· 90

매뉴얼 입력사항

1. 개요
2. 구성
3. 평가시험
4. 장기안정기간 평가시험
5. 기준평가
6. 재평가·승인자 평가
7. 평가기준 정보 및 신청자목록
8. 재평가·승인자 평가기준 정보 및 신청자목록
9. 용어사전

I. 매뉴얼 일반사항

1. 개요

가. 관련근거
 1) 노인장기요양보험법 제54조(장기요양급여의 관리·평가), 제37보(장기요양 지정의 취소 등) 제1항 제3의7, 제38조(재가 및 시설급여비용의 청구 및 지급 등) 제3항, 제60조(자료의 제출 등) 및 제69조(과태료)제1항 제7호
 2) 같은 법 시행규칙 제38조(장기요양기관 평가방법 등), 제31조의2(장기요양급여비용의 가감지급기준)
 3) 장기요양기관 평가방법 등에 관한 고시
 4) 장기요양기관 평가관리 시행세칙

나. 평가매뉴얼은 관련 법령이나 규정 중 장기요양기관이 반드시 준수해야 하는 사항과 장기요양급여의 수준 향상을 위한 바람직한 방향을 제시하고,

다. 평가에 필요한 정보 및 구체적인 평가기준을 제시함으로써 평가의 공정성과 객관성을 확보하며,

라. 평가지표 및 매뉴얼 개선 과정에 전문가, 장기요양기관 및 협회 등의 의견, 장기요양기관 평가결과 등을 반영한다.

2. 구성
평가매뉴얼은 평가방향, 평가기준 척도, 지표적용기간, 확인방법, 관련근거로 구성되어 있다.

가. 평가방향 평가지표의 목적
나. 평가기준 평가지표의 구체적인 내용
다. 평가척도 채점기준 및 적용결과(우수, 양호, 보통, 미흡, 해당없음)
라. 지표적용기간
1) 2020.1월 ~ 평가일까지 한다. 다만, 지표에 따라 이 기간 밖의 범위로 달리 정할 수 있다
2) 평가기준이 변경되는 경우 새로운 평가기준은 23년 1월부터 적용한다.
3) 현장을 확인하는 지표 직원 및 수급자에게 면담·관찰·시연을 하는 지표는 평가 시점을 기준으로 한다
마. 확인방법 : 평가기준에 따른 확인방법
바. 관련근거 : 평가지표와 관련된 법령 등

3. 평가방법

가. 평가는 기관의 관련 문서나 자료 등 기록 확인, 기관 내외부 환경 등 현장 확인, 직원 및 수급자를 대상으로 한 면담·관찰·시연, 공단 전산 자료 확인, 보호자 유선 확인 등의 방법으로 실시한다.(이하 매뉴얼 평가방법에 '기록', '현장', '면담', '관찰', '시연', '전산', '유선'으로 명시한다.)

나. 노인장기요양보험 정보시스템이나 기관 홈페이지를 통하여 기관현황 등을 파악하고, 필요한 경우 사전에 자료를 요청하여 평가를 실시한다.

다. 평가기준의 충족 여부를 확인하기 위해 영수증, 지출내역 등 관련 증빙 자료를 요청할 수 있다.

라. 분기 반기 연 1회 등 주기를 확인하는 평가기준은 시행 일자를 확인한다.

마. 전산프로그램을 활용하여 자료를 생산관리하는 경우 개별 아이디 및 비밀번호 로그인을 원칙으로 한다 다만 국가에서 제공한 전산프로그램 (1365, VMS)은 인정한다.

바. 평가 자료는 평가 당일 평가 종료 시까지 확인된 자료만 인정한다. 단, 유선만족도 등 일부 지표는 공단의 별도계획에 따라 평가한다.

사. 직원 및 수급자를 대상으로 하는 평가는 기관평가 종료 후 실시한다. 다만, 복지용구의 직원평가는 기관평가 당일 현장에서 평가한다.

아. 평가는 급여종류별로 각각 실시하며 평가받는 급여종류의 해당 급여직원 (해당 급여종류에 특별자치시·특별자치도·시군구·등록되어 근무하는 직원)이 수행한 경우에 한하여 인정하는 것을 원칙으로 한다.

4. 장기요양기관 협조 사항

기관은 원만한 평가 진행을 위해 노인장기요양보험법 제54조 및 제60조에 따라 평가자가 요구하는 자료의 제출 등에 협조하여야 한다.

○ 노인장기요양보험 제37조 및 같은 법 시행규칙 제29조 [별표2]에 따라 정당한 사유 없이 평가를 거부·방해 또는 기피하는 경우 행정처분 대상이며, 평가위원회 심의에 따라 명단을 별도 공표할 수 있음

○ 노인장기요양보험법 제60조에 따른 평가자료 제출을 거부하거나 거짓자료를 제출할 경우 같은 법 제69조에 따라 과태료 부과대상에 해당되며 평가위원회 심의에 따라 최하위 등급으로 조정 될 수 있음

5. 기관평가

가. 평가대상 자료는 지표별로 표본을 선정하여 평가할 수 있다

나. 표본으로 선정된 자료(직원, 수급자)로 평가가 어려운 경우, 변경하여 선정할 수 있으며 기준에 따라 표본 수를 달리 정할 수 있다.

다. 직원 및 수급자 자료는 급여종류별로 달리 선정함을 원칙으로 한다. 다만 표본선정 대상이 부족한 경우 등은 중복하여 평가할 수 있다.

라. 공통 문항이라도 각 지표는 급여종류별로 각각 평가하여야 한다.

마. 2종 이상 재가급여를 제공하는 경우 공통되는 평가관련 자료는 통합하여 관리할 수 있다 .

○ 직원 자료 표본 선정기준

구 분	30인 이상	10인 이상 ~ 30인 미만	10인 미만
직 원	4	3	2

- 직원 자료 표본 수는 인력신고된 직원 중 평가일 기준 최근 심사결정한 과 직원 내근직원(시설장 포함) 수 전체를 기준으로 산정한다.
- 직원(시설장 포함) 1명만 있는 경우는 1명만 평가 한다.
- 평가자가 선정한 직원을 평가할 수 없는 경우 다른 직원을 선정하여 평가할 수 있다.
- 인력 신고된 직원(시설장 포함)과 실제 근무하는 직원이 달라 평가할 수 있는 대상자가 1명도 없는 경우에는 평가 불가 기관으로 처리한다.

○ 수급자 자료 표본 선정기준

구 분	30인 이상	10인 이상 ~ 30인 미만	10인 미만	3인 미만
수급자	4	3	2	평가불가

- 수급자 자료 표본 수는 평가일 기준 최근 심사결정한 수급자의 수를 기준으로 산정한다.
- 평가자가 선정한 수급자를 평가할 수 없는 경우 다른 수급자를 선정하여 평가할 수 있다.
- 평가일 현재 수급자가 3인 미만인 경우에는 평가불가 기관으로 처리한다.

6. 직원·수급자 평가

○ 직원 평가 표본 선정기준

구 분	30인 이상	10인 이상 ~ 30인 미만	10인 미만
직 원	4	3	2

- 직원 표본 수는 기관평가 당시 직원 자료 표본 수 선정결과와 동일하게 적용한다.
- 평가자가 선정한 직원을 평가할 수 없는 경우 다른 직원을 선정하여 평가할 수 있다. 다만, 평가가능한 직원이 부족한 경우, 평가가능한 직원만 평가한다.
- 평가자가 선정한 직원 중 일부라도 평가를 거부하는 경우 이 사실을 기관에 통보하고 평가거부 기관으로 처리한다.
- 평가 가능한 직원이 없는 경우에는 이 사실을 기관에 통보하고 평가불가 기관으로 처리한다.

○ 수급자 평가 표본 선정기준

구 분	30인 이상	10인 이상 ~ 30인 미만	10인 미만
수급자	4	3	2

- 수급자 표본 수는 기관평가 당시 수급자 자료 표본 수 선정결과와 동일하게 적용한다.
- 평가일 현재 수급자 중에서 선정한다.
- 선정 가능한 수급자가 표본 수 미만인 경우 선정 가능한 인원만으로 평가한다.
- 평가자가 선정한 수급자 중 일부 수급자가 평가를 거부한 경우 다른 수급자를 선정하여 평가한다.
- 평가 가능한 수급자가 없는 경우에는 이 사실을 기관에 통보하고 평가불가 기관으로 처리한다.

7. 평가문항 척도 점수 산출방법

가. 우수 : 평가지표 해당 점수의 100%

나. 양호 : 평가지표 해당 점수의 75%

다. 보통 : 평가지표 해당 점수의 50%

라. 미흡 : 평가지표 해당 점수의 0%

마. 해당없음 : 평가지표 적용불가 (총 점수 산출할 때 제외)

8. 직원 · 수급자 평가기준 점수 산출방법

가. 세부점수 평점기준

세부 점수	평점기준
1	평가기준을 모두 충족함
0.75	평가기준을 대부분 충족함
0.5	평가기준을 일부 충족함
0	평가기준을 충족하지 못함

※ 세부점수 구성은 기준별로 다를수 있으며 평점기준에 대한 상세사항은 비공개

나. 평가결과 점수 산출방법

○ 표본 별 세부점수의 평균값에 따라 평가기준 충족여부 결정

- 표본의 각 세부점수를 더한 총 세부점수(B)를 표본 수 (A)로 나눈 평균점수
  예시) 표본수 3명, 평가기준 ①번

구 분	김건강	이보험	박평가
평가기준①	1점	0.75점	0.5점

평균점수 = 2.25점/3명 = 0.75
→ 평가기준 충족

9. 용어설명

가. 평가대상

1) '기관'이란 노인장기요양보험법에 따라 지정 · 설치된 장기요양기관을 의미한다.

2) '급여제공직원'이란 요양보호사, 사회복지사, 간호(조무)사, 물리(작업) 치료사,치과위생 사로 해당 특별자치시 · 특별자치도 · 시군구에 인력신고 되어 근무하는 직원을 의미한다.

3) '직원'이란 해당 특별자치시 · 특별자치도 · 시군구에 인력신고 되어 근무하는 모든 직원 (시설장 포함)을 의미 한다.

4) '해당급여 직원'이란 해당 급여종류 인력으로 특별자치시 · 특별자치도 · 시군구에 등록되 어 근무하는 직원을 의미한다.
   예시) 급여종류가 방문요양이면 방문요양에 등록되어 근무하고 있는 직원을 의미함 .

나. 지표적용기간

1) '평가계획 공고월'이란 노인장기요양보험 홈페이지에 평가계획을 게시한 월을 의미한다.

2) '평가계획 종료월'이란 평가계획에서 정한 평가기간 중 평가 종료일이 속한 월 의미한다.

다. 기타

1) 비치 : 잠금장치가 없는 장소에서 쉽게 열람할 수 있도록 관리하거나, 마련하여 갖추어 둠

2) 게시 : 여러 사람에게 알리기 위하여 내붙이거나 내걸어 두루 보게 함

3) 서명 : 행위자가 자기의 동일성을 표시하고 책임을 분명하게 하도록 본인 고유의 필체로 자신의 이름을 제3자가 알아볼 수 있도록 씀

※ 점검자, 작성자, 참석자, 진행자 등 행위(제공)자를 지칭하는 모든 항목은 실제 수행 한 직원의 성명을 기입해야 함.

방문목욕

1. 기관운영
    1. 운영규정
    2. 직원회의
    3. 경력직
    4. 건강검진
    5. 보수
    6. 5대 보험 및 퇴직금
    7. 직원복지 향상
    8. 직원권익 보호
    9. 직무교육

방문목욕1
운영규정

기관운영에 필요한 운영규정을 갖추고, 그에 따라 기관을 운영합니다.
(1. 기관운영 / 1. 기관관리 / 1. 운영원칙 및 체계)

점수 1

▣ 평가방향

기관이 자체적인 운영규정을 마련하여 비치하고 그에 따라 운영하고 있는지 평가

▣ 평가기준

		평가기준	평가방법
①	기 관	운영규정을 직원이 열람 가능한 장소에 비치하고 내용이 충실함	
		- 운영규정 11개 항목	
	1	이용자 모집 방법 등에 관한 사항 - 온·오프라인을 통한 기관 및 급여종류 홍보	
	2	이용계약에 관한 사항 - 계약기간, 계약목적, 월 이용료 및 그 밖의 비용 부담액, 신원인수인의 권리 및 의무, 계약의 해제	
	3	이용료 등 비용에 대한 변경 방법 및 절차 등에 관한 사항	
	4	서비스의 내용과 그 비용의 부담에 관한 사항	현 장
	5	서비스 제공자의 배상책임, 면책 범위에 관한 사항	
	6	운영규정의 개정방법 및 절차 등에 관한 사항	기 록
	7	인력관리 규정에 관한 사항 - 채용, 복무, 승진, 상벌 등	
	8	보수에 관한 사항 - 임금, 퇴직금, 상여금 등	
	9	직원의 복리후생에 관한 사항 - 복지(포상, 휴가 등)	
	10	안전과 보건에 관한 사항 - 근골격계 질환 및 감염 예방, 건강검진	
	11	고충처리 절차에 관한 사항	
②	기 관	운영규정에 따라 기관을 운영함 – 11개 항목 모두 확인	

▣ 지표적용기간 : 20년 1월 ~ 평가일

▣ 확인방법

기준①
- 내용 충실도는 기관의 상황에 맞게 작성하고 그에 따른 내용이 일치하는지 등으로 확인함
- (2)항목의 신원인수인이란 보호자 또는 보증인을 의미함

기준②
- 기관이 운영규정 11개 항목에 따라 기관을 운영하고 있는지 확인함

※ 스마일시니어 Tip

· 운영규정 내용은 기관의 사정에 맞게 수정하여 활용합니다.

· 운영규정 내 **재가급여 월 한도액, 1회 방문당 급여비용**등은 **매년 변경**됩니다.

  → **매년 수정한 운영규정을 출력하여 준비** 하시길 권장드립니다.

· 운영규정은 누구나 열람가능한 곳, 잘 보이는 곳에 **비치해야** 합니다. (≠ 게시)

· 운영규정은 반드시 **3회 이상** 읽어보시길 권장드립니다.

  → 운영규정 몇 항에 어떠한 내용이 있는지, 이러한 내용은 어느 항에 있는지 등 운영규정 관련하여 많은 질문을 합니다. 꼭 3회 이상 읽어보시길 권장드립니다.

척도	점수	채점기준
우수	1	평가기준을 모두 충족함
양호	0.75	평가기준 ①의 9~10개 항도, ②번 항목을 충족함
보통	0.5	평가기준 ①의 8개 항목을 증족함
미흡	0	'보통'의 기준을 충족하지 못함

방문목욕1 운영규정

기관운영에 필요한 운영규정을 갖추고, 그에 따라 기관을 운영합니다.
(1. 기관운영 / 1. 기관관리 / 1. 운영원칙 및 체계)

점수 1

📋 평가방향

기관이 자체적인 운영규정을 마련하여 비치하고 그에 따라 운영하고 있는지 평가

📋 평가기준

	평가기준		평가방법
①	기관	운영규정을 직원이 열람 가능한 장소에 비치하고 내용이 충실함	현장·기록
		- 운영규정 11개 항목	
	1	이용자 모집 방법 등에 관한 사항 - 온·오프라인을 통한 기관 및 급여종류 홍보	
	2	이용계약에 관한 사항 - 계약기간, 계약목적, 월 이용료 및 그 밖의 비용 부담액, 신원인수인의 권리 및 의무, 계약의 해제	
	3	이용료 등 비용에 대한 변경 방법 및 절차 등에 관한 사항	
	4	서비스의 내용과 그 비용의 부담에 관한 사항	
	5	서비스 제공자의 배상책임, 면책 범위에 관한 사항	
	6	운영규정의 개정방법 및 절차 등에 관한 사항	
	7	인력관리 규정에 관한 사항 - 채용, 복무, 승진, 상벌 등	
	8	보수에 관한 사항 - 임금, 퇴직금, 상여금 등	
	9	직원의 복리후생에 관한 사항 - 복지(포상, 휴가 등)	
	10	안전과 보건에 관한 사항 - 근골격계 질환 및 감염 예방, 건강검진	
	11	고충처리 절차에 관한 사항	
②	기관	운영규정에 따라 기관을 운영함 - 11개 항목 모두 확인	

[별표10] 재가 노인복지시설의 운영기준(제29조제2항관련)

3. 운영규정

가. 시설의 장은 조직, 인사, 급여, 회계, 물품, 그 밖에 시설의 운영에 관하여 필요한 규정(이하 이 표에서 "운영규정"이라 한다)을 작성하여 시장·군수·구청장에게 제출하여야 한다.

나. 다음 각 호의 사항이 포함되어야 한다.

※ 2번기관 스마일시니어 운영규정

(1) 이용정원(주·야간보호서비스 및 단기보호서비스의 경우에만 해당한다) 및 **모집방법** 등에 관한 사항 – 스마일시니어운영규정 제9조, 제10조

(2) **이용계약에 관한 사항**(계약기간, 계약목적, 월이용료 및 그 밖의 비용부담액, 신원인수인의 권리·의무, 계약의 해제 등에 관한 사항을 포함한다) – 스마일시니어운영규정 제11조

(3) 이용료 등 비용에 대한 **변경방법 및 절차** 등에 관한 사항 – 스마일시니어운영규정 제14조

(4) **서비스의 내용과 그 비용**의 부담에 관한 사항 – 스마일시니어운영규정 제15조

(5) **특별한 보호**를 필요로 하는 경우에는 그 서비스기준과 비용에 관한 사항 – 스마일시니어운영규정 제16조, 제17조

(6) **의료**를 필요로 하는 경우에는 그 구체적인 처리절차 – 스마일시니어운영규정 제18조, 제19조

(7) 시설물 사용상의 주의사항 등에 관한 사항 – 스마일시니어운영규정 제20조

(8) 서비스 제공자의 **배상책임, 면책범위**에 관한 사항 – 스마일시니어운영규정 제21조, 제22조

(9) 운영규정의 **개정방법 및 절차** 등에 관한 사항 – 스마일시니어운영규정 제67조

(10) **운영위원회**의 설치 및 운영에 관한 사항 – 스마일시니어운영규정 제23조~제26조

(11) 그 밖에 운영에 필요한 **중요한 사항**

다. 시설의 장은 **운영규정에서 정한 바에 따라 해당 시설을 운영**하여야 한다.

동의확인1

공통사항	1. 가공정영 / 1. 기관전자 및 / 1. 공공기관장 외 재제)	필수
	기관장님께 해당하는 공공기관장을 선택하고, 그에 따라 기관별 공공운영할 평가	

□ **평가대상기관**

기관이 자체적인 공공기관장을 마련하여 그에 따라 기관의 공공운영하고 있는지 평가

□ **평가기준표**

	평가기준	평가방법
①	기관	공공기관 지침이 열등 가능한 경우에 반영하고 내용이 충실함
		- 공통관장 11개 참고
	1	이용자의 권리 범위 등에 관한 사항 - 운영포인트의 열등 및 기관별 종류 등등
	2	이용계약에 관한 사항 - 계약기간, 계약내지, 원 이용료 및 그 비용 사용 부담에, 지연원수인의 정지, 연약, 계약의 해제
	3	이용료 등 비용의 대등 방법 및 시지 등에 관한 사항
	4	서비스의 내용과 그 이용이 부담 등에 관한 사항
	5	시설 계공자의 배상책임, 면제 범위에 관한 사항
	6	공공관장의 개정방법 및 질치 등에 관한 사항
	7	인내공사의 공동생활 사항 - 사용, 제향, 박주, 수강, 참회 등
	8	권수에 관한 사항 - 입금, 퇴급, 영업일 등
	9	자원의 복지후생에 관한 사항 - 휴지(휴식, 휴가 등)
	10	안전관리에 관한 사항 - 근본성계 등의 정비 예방, 감소정지
	11	고공사기 질치에 관한 사항
③	기관	공공관장에 따라 기관을 운영함 - 11개 환목 모두 확인

※ **3개기관 ∧이용자의 운영규정**

— 공통관장 11개 참고

1. 이용자 권리 보험 등에 관한 사항
   — 운영포인트의 열등 및 기관별 종류 등

2. 이용계약에 관한 사항
   — 계약기간, 계약내지, 원 이용료 및 그 비용 사용 부담에, 지연원수인의 정지, 연약, 계약의 해제
   — ∧이용지원장 제10조, 제19조

3. 이용료 등 비용의 대등 방법 및 시지 등에 관한 사항
   — ∧이용지원장 제13조

4. 서비스의 내용과 그 이용이 부담 등에 관한 사항
   — ∧이용지원장 제15조

5. 시설 계공자의 배상책임, 면제 범위에 관한 사항
   — ∧이용지원장 제17조

6. 공공관장의 개정방법 및 질치 등에 관한 사항
   — ∧이용지원장 제18조

7. 인내공사의 공동생활 사항 - 사용, 제향, 박주, 수강, 참회 등
   — ∧이용지원장 제20조 ~ 제27조

8. 권수에 관한 사항 - 입금, 퇴급, 영업일 등
   — ∧이용지원장 제28조 ~ 제30조

9. 자원의 복지후생에 관한 사항 - 휴지(휴식, 휴가 등)
   — ∧이용지원장 제32조, 제33조

10. 안전관리에 관한 사항 - 근본성계 등의 정비 예방, 감소정지
    — ∧이용지원장 제38조 ~ 제49조

11. 고공사기 질치에 관한 사항
    — ∧이용지원장 제50조

방문목욕2 직원회의

직원회의를 정기적으로 실시합니다.
(1. 기관운영 / 2. 인적자원관리 / 1. 인력운영)

점수 3

▣ 평가방향

직원회의를 정기적으로 실시하고 그 결과를 기관운영 및 직원복지 등에 반영하는지 평가.

▣ 평가기준

		평가기준	평가방법
①	기관	직원회의를 매월 1회 이상 실시함 - 필수사항: 회의일시, 장소, 내용, 결과, 참석자명	기록
②	기관	직원회의를 격월로 1회 이상 실시함 - 필수사항: 회의일시, 장소, 내용, 결과, 참석자명	
③	기관	직원회의 결과를 기관운영 또는 직원복지 등에 연 1회 이상 반영함	

척도	점수	채점기준
우수	3	평가기준 중 ①,③번 항목을 충족함
양호	2.25	평가기준 중 ②,③번 항목을 충족함
보통	1.5	평가기준 중 ①번 항목을 충족함
미흡	0	'보통'의 기준을 충족하지 못함

▣ 지표적용기간 : 20년 1월 ~ 평가일

- 평가기준 ①,②번 항목의 필수사항 중 '결과'는 **23년 1월 부터** 적용.

▣ 확인방법

기준①, ②

- 평가기준 ①,② 참석 대상은 회의 개최 월에 실제 근무하는 모든 직원임
  - 회의 내용(예시) : 업무내용, 복지 등 기관운영 사항과 건의사항, 애로사항, 의견수렴 등 고충처리 전반에 관한 사항
  - 직원회의 당시 참석 대상의 50% 이상이 참석하였는지 확인하며 회의를 나누어 실시한 경우에는 누적 참석률이 50% 이상인지 확인함

※ 스마일시니어 Tip

🏷 코로나19관련 장기요양기관 평가지표 한시적 적용방법

~ 20년 1월(1차)	감염병 관련 증상이 없는 직원 중 50% 이상을 매월 1회 이상 소집하여 회의하거나 소규모로 회의를 실시하여야 인정함
20년 2월 ~ (2차)	해당월 근무 직원의 50% 이상을 매월 1회 이상 유선 등 방법으로 회의를 실시한 경우 인정함

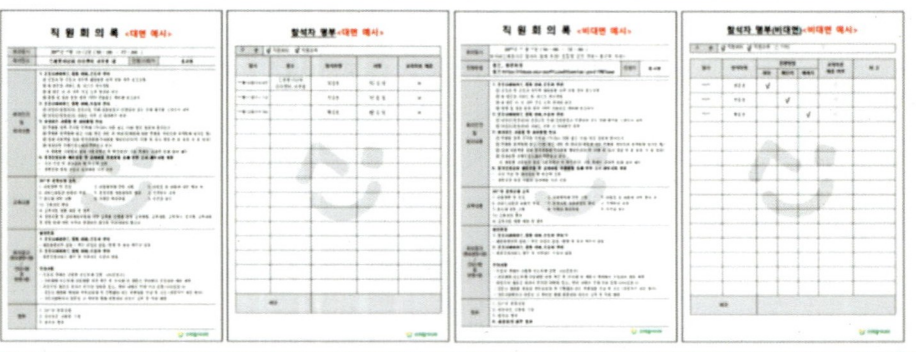

평가요소2 지원회의

배점: 3

(1. 기장공장 / 2. 인자자원결집 / 1. 인력공정)

지원회의를 정기적으로 참석하였는가.

◼ 평가기준

지원회의를 정기적으로 실시하고 그 결과를 공정운영 및 지원회지 등에 반영하는지 평가

평가항목		평가기준
기준	①	지원회의를 매월 1회 이상 실시함 - 필수사항: 회의일시, 장소, 내용, 참석자
기준	②	지원회의를 격월로 1회 이상 실시함 - 필수사항: 회의일시, 장소, 내용, 참석자
기준	③	지원회의 결과를 지원회지 등에 1회 이상 반영

◼ 채점기준

척도	점수	채점기준
우수	3	평가기준 중 ①, ②, ③이 달성된 경우
양호	2.25	평가기준 중 ①, ②이 달성된 경우
보통	1.5	평가기준 중 ①이 달성된 경우
미흡	0	평가기준 중 충족되지 못함

기준 ⑨

- 타영위가 회의결과에 따른 개정된 공정운영 기지표를 확인함
  - 개정된 근거: 회의결과에 따른 기준운영상, 개정된 공정운영 사항 등

※ 아뿔시아 Tip

- 개정된 근거자료를 확인하십시오.
- 공정운영 수기지표 중 기준운영에 사용되는 하나 하나를 다루어지고, 더 나아가 공정운영 수기지시가 고정 사용되고 있는지, 개정 해체까지 고정운영 수기지표를 반영하여 사용하고 있는지. 그 운영검토에서는 반드시 해당 자료가 대외적으로 공개하여도 된다. 가공·진입·시행 영향 등의 근거가 될 수 있습니다.

- 반드시 매월 필요 공정운영 수기지시를 확인하십시오. 개정된 경우, 변경 전 후 공정운영 자료에서 그 내용이 맞물이 틀림없을 것이며, 개정된 타영위의 공정운영 수기지시가 적용된 것을 근거 자료에서 확인하십시오.

- 8월 장수입수·설치증가, 지원회의 등이 기청합니다.
- 7월 회의 기사회피를 반영하여 8월 공정운영 수기지시에 적용한 경우,
  → 8월 기존 수기지시는 정당합니다.
- 7월 회의 기사회피를 반영하여 8월 공정운영 수기지시에 적용한 경우,
  → 8월 자원회의 회의경결에 적용과 기청합니다.

방문목욕3 경력직

기관에 2년 이상 근무한 직원의 비율이 높습니다.
(1. 기관운영 / 2. 인적자원관리 / 1. 인력운영)

점수 3

평가방향

수급자에게 양질의 서비스를 제공할 수 있는 숙련성과 전문성을 갖춘 인력이 근무하는지 평가

평가기준

	평가기준	평가방법
기 관	**2년 이상 운영 기관** ㉮ 분모: 지표적용기간동안 근무한 직원 중 합산 6개월 이상 근무한 직원 수 ㉯ 분자: 분모 중 연속 24개월 이상 근무한 직원 수 ㉰ 비율: (㉯/㉮) × 100(소수점 첫째자리에서 반올림) **2년 미만 운영기관 (2021.2월부터 적용시작)** ㉮ 분모: 지표적용기간동안 근무한 직원 중 합산 6개월 이상 근무한 직원 수 ㉯ 분자: 분모 중 연속 12개월 이상 근무한 직원 수 ㉰ 비율: (㉯/㉮) × 100(소수점 첫째자리에서 반올림)	전 산

척도	점수	채점기준
우수	3	비율 50%이상
양호	2.25	비율 30% 이상 ~ 50% 미만
보통	1.5	비율 20% 이상 ~ 30% 미만
미흡	0	'보통'의 기준을 충족하지 못함

지표적용기간 : 19년 1월 ~ 22.12월

확인방법

- 운영기간은 기관의 각 급여종류별 적용 시작일을 기준으로 함
- 대표자 겸 시설장은 비율 산정에서 제외하고, 대표자 겸 직원은 비율 산정에 포함함
- 직원의 근무기간은 입·퇴사일로 기간을 산정함 단, 분모의 합산 6개월 이상 근무 여부 산정 시 급여제공직원(요양보호사, 사회복지사)은 실제 급여제공 월만 근무기간으로 산정함
  (예시) 요양보호사가 2021.1월 입사하여 2021.12월 퇴사하였으나 급여제공은 2021년 3월부터 2021년 6월까지 급여를 제공한 경우 실제 근무기간은 4개월로 분모에 포함되지 않음
- 휴업·업무정지 미운영 기간은 근무월수에 포함하지 않음
  - 단, 휴업·업무정지 기간이 속한 월에 청구내역이 있는 경우 근무월수에 포함
  (예시) 휴업·업무정지 기간 2020.3.6.~4.5.이지만 2020.3월, 4월의 청구내역이 있다면 근무월수
- 정년퇴직, 사망, 이민 등 불가피한 사유로 퇴직한 경우와 출산이나 질병으로 고용한 대체직원이 퇴직한 경우, 기간제 직원이 퇴직한 경우 등은 제외하고 산정함
- 법적으로 인정하는 출산휴가, 병가 등으로 급여제공월수가 6개월을 넘지 않는 직원의 경우 현장에서 관련 자료 확인하여 반영함
- 동일법인 또는 동일 대표자가 운영하는 장기요양기관 간 인사이동시 근무한 기간을 모두 합산하여 경력직 기준을 충족한 경우 인정함

운영기간		(연속) 합산 근무시간	적용여부		비고
A기관	B기관		A기관	B기관	
2년 이상	2년 이상	24개월 이상	인정	인정	
2년 미만	2년 이상	12개월 이상 ~ 24개월 미만	인정	불인정	연속 합산 기간이 24개월 이상인 경우 A,B 모두인정
2년 이상	2년 미만	12개월 이상 ~ 24개월 미만	불인정	인정	
2년 미만	2년 미만	12개월 이상 ~ 24개월 미만	인정	인정	

방문목욕4 건강검진	직원은 정기적으로 건강검진을 실시합니다. (1. 기관운영 / 2. 인적자원관리 / 2. 직원의 후생복지)	**점수 2**

▣ 평가방향

직원이 건강한 상태에서 급여를 제공할 수 있도록 건강검진을 실시하는지 평가

▣ 평가기준

		평가기준	평가방법
①	기 관	**직원은 결핵검진을 포함한 건강검진을 매년 실시함** - 국민건강보험공단에서 실시하는 일반 건강검진 수준 이상인지 확인함 (5개 영역: 신체계측검사, 요검사, 혈액검사, 영상검사, 결과판정)	기 록
②	기 관	**신규직원은 급여개시일까지 결핵검진을 포함한 건강검진 결과를 제출함** - 신규직원은 최근 1년 이내(건강검진 검진일 기준)의 건강 검진 결과통보서를 급여개시일까지 제출하였는지 확인함	

척도	점수	채점기준
우수	2	직원 자료 표본 모두 평가기준을 충족함
양호	1.5	직원 자료 표본의 75% 이상 평가기준을 충족함
보통	1	직원 자료 표본의 50% 이상 평가기준을 충족함
미흡	0	'보통'의 기준을 충족하지 못함

▣ 지표적용기간 : 20.1월 ~ 평가일

▣ 확인방법

기준①, ②

- 보건소 등에서 실시하는 일부 전염성 질병에 한정된 건강검진은 불인정함
- 대상 직원 : 대표자 겸 시설장, 대표자 겸 직원, 고용된 시설장 포함한 **모든 직원** (가족요양보호사 포함)
  - 다만, 산업안전보건법 시행규칙 제197조에 따른 사무직 직원은 2년마다 실시

산업안전보건법 시행규칙 제197조

① 사업주는 상시 사용하는 근로자 중 사무직에 종사하는 근로자(공장 또는 공사현장과 같은 구역에 있지 않은 **사무실에서 서무·인사·경리·판매·설계 등의 사무업무에 종사하는 근로자**를 말하며, 판매업무 등에 직접 종사하는 근로자는 제외한다)에 대해서는 2년에 1회 이상, 그 밖의 근로자에 대해서는 1년에 1회 이상 일반건강진단을 실시해야 한다.

> **※ 스마일시니어 Tip**
> · **가산사회복지사**의 경우 사무실에서만 근무하는 것이 아니라 **수급자댁을 방문**하여 업무를 수행함으로 **사무직으로 보지 않습니다.**

기준②

- 건강검진 결과통보서 상에 검진일, 판정일, 발행일자가 급여개시일 이전 1년이내여야함
  (예시) 급여개시일이 2022.6.4.인 경우,
  건강검진 결과통보서의 검진일, 판정일, 발행일자는 2021.6.5.~2022.6.4 내 속해야 함.

> **※ 스마일시니어 Tip**
> · 건강검진 결과지는 **판정일,결과통보일(발행일)까지 확인**되는 결과지로 관리합니다.

방문목욕4 건강검진	직원은 정기적으로 건강검진을 실시합니다. (1. 기관운영 / 2. 인적자원관리 / 2. 직원의 후생복지)	점수 2

※ 건강검진 결과 통보서 확인

평가방향

직원이 건강한 상태에서 급여를 제공할 수 있도록 건강검진을 실시하는지 평가

평가기준

		평가기준	평가방법
①	기관	직원은 결핵검진을 포함한 건강검진을 매년 실시함 - 국민건강보험공단에서 실시하는 일반 건강검진 수준 이상인지 확인함 (5개 영역: 신체계측검사, 요검사, 혈액검사, 영상검사, 결과판정)	기록
②	기관	신규직원은 급여개시일까지 결핵검진을 포함한 건강검진 결과를 제출함 - 신규직원은 최근 1년 이내(건강검진 검진일 기준)의 건강검진 결과통보서를 급여개시일까지 제출하였는지 확인함	

척도	점수	채점기준
우수	2	직원 자료 표본 모두 평가기준을 충족함
양호	1.5	직원 자료 표본의 75% 이상 평가기준을 충족함
보통	1	직원 자료 표본의 50% 이상 평가기준을 충족함
미흡	0	'보통'의 기준을 충족하지 못함

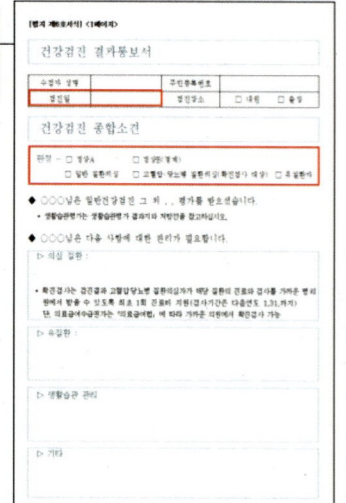

일반 건강검진 결과 통보서
일반 건강검진 결과통보서(별지 제6호서식)는 3~4쪽으로 구성
각 쪽수마다 확인가능한 내용이 달라서 모두 있어야 함.

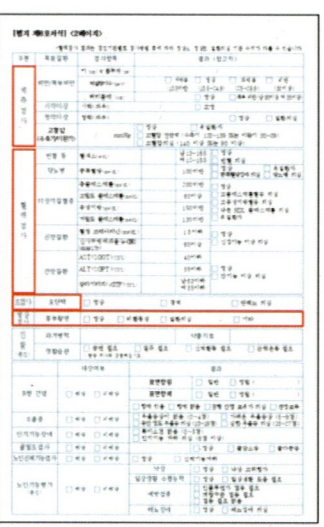

일반 건강검진 결과 통보서
판정일과 결과통보일은 같을 수도 있고 다를 수도 있음
검진→판정(판독)→결과통보(발행)

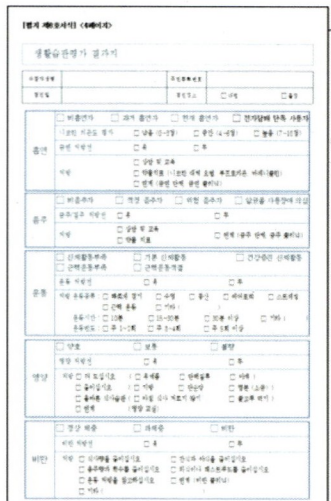

일반 건강검진 결과 통보서
생략가능

방문목욕5 보수	직원은 기관과 근로계약을 체결하고 이에 따른 보수(임금)를 지급받습니다. (1. 기관운영 / 2. 인적자원관리 / 2. 직원의 후생복지)	점수 2

▣ 평가방향

직원들이 안정된 고용환경에서 근무할 수 있도록 근로계약을 체결하고 이에 따른 보수(임금)를 지급받는지 평가

▣ 평가기준

		평가기준	평가방법
①	직 원	기관과 근로계약을 체결함 - 근로계약서 필수사항: 보수(임금), 소정근로시간, 휴일, 연차 유급휴가	면 담
②	직 원	근로계약서에 명시된 보수(임금)를 지급받음	
③	직 원	보수(임금)명세서를 매월 정기적으로 제공받음	

척도	점수	채점기준
우수	2	평가기준을 모두 충족함
양호	1.5	평가기준 중 2개 항목을 충족함
보통	1	평가기준 중 1개 항목을 충족함
미흡	0	'보통'의 기준을 충족하지 못함

▣ 관련근거

➤ 근로기준법 제17조 (근로조건의 명시), 제43조(임금 지급), 제48조(임금대장 및 임금명세서)
➤ 노인복지법 시행규칙 제29조 [별표9]
   '재가노인복지시설의 시설기준 및 직원배치기준 제 4호바목'
   4. 인력기준
   바. 모든 종사자는 시설의 설치ㆍ운영자와 근로계약이 체결된 사람이어야 한다.

▣ 지표적용기간 : 20.1월 ~ 평가일

- 평가기준 ③번 보수(임금)명세서의 매월 제공여부는 **23년 1월 부터** 적용.

▣ 확인방법

기준①

- 직원이 근로계약 체결 여부 및 근로계약서에 명시된 필수사항에 대하여 알고 있는지 면담으로 확인함

■ **근로계약서에 반드시 기재되어야 할 사항을 누락한 사례**

> 근로계약서 예시
> 제2조(임금) 임금은 사업주와 별도 협의로 정한다.
> 제3조(근로시간) 격일제로 근무하며, 근로시간은 사업주가 1일 전 통지한다,
> 제4조(기타) 기타 근로조건에 관해서는 취업규칙에 따른다.

- 임금, 소정근로시간, 휴일 및 휴가와 관련된 규정은 반드시 기재해야할 사항이므로 **구체적으로 기재해야 하나, 지나치게 추상적으로 기재**
- 취업규칙에 따른다고 되어 있다면, 취업규칙 내용으 주지(설명 등)해야하며, 근로자가 요구하는 경우 **취업규칙에 명시한 내용을 포함하여 교부**하여야 함.

※ 스마일시니어 Tip

· **'근로계약'**이란
근로자가 사업자에게 근로를 제공하고 사업자는 이에 대하여 임금을 지급함을 목적으로 체결된 계약을 말합니다.

방문목욕5 보수

직원은 기관과 근로계약을 체결하고 이에 따른 보수(임금)를 지급받습니다.
(1. 기관운영 / 2. 인적자원관리 / 2. 직원의 후생복지)

점수 2

📖 평가방향

직원들이 안정된 고용환경에서 근무할 수 있도록 근로계약을 체결하고 이에 따른 보수(임금)를 지급받는지 평가

📖 평가기준

평가기준			평가방법
①	직원	기관과 근로계약을 체결함 - 근로계약서 필수사항: 보수(임금), 소정근로시간, 휴일, 연차 유급휴가	면담
②	직원	근로계약서에 명시된 보수(임금)를 지급받음	
③	직원	보수(임금)명세서를 매월 정기적으로 제공받음	

척도	점수	채점기준
우수	2	평가기준을 모두 충족함
양호	1.5	평가기준 중 2개 항목을 충족함
보통	1	평가기준 중 1개 항목을 충족함
미흡	0	'보통'의 기준을 충족하지 못함

📖 관련근거

➤ 근로기준법 제17조 (근로조건의 명시), 제43조(임금 지급), 제48조(임금대장 및 임금명세서)
➤ 노인복지법 시행규칙 제29조 [별표9]
　'재가노인복지시설의 시설기준 및 직원배치기준 제 4호바목'
　4. 인력기준
　바. 모든 종사자는 시설의 설치·운영자와 근로계약이 체결된 사람이어야 한다.

기준①

- 직원이 근로계약 체결 여부 및 근로계약서에 명시된 필수사항에 대하여 알고 있는지 면담으로 확인함

※ **스마일시니어 Tip**

· **근로계약 시 명시해야 할 항목**

　서면명시(중요 근로조건)
　　① 임금의 구성항목, 계산방법, 지급방법
　　② 소정근로시간
　　③ 주휴일·공휴일
　　④ 연차유급휴가

> 사업자는 근로계약 체결시 근로자에게 ①~④에 따른 근로조건은 반드시 서면으로 명시된 근로계약서를 교부해야함.

　단순명시
　　⑤ 취업의 장소, 종사 업무
　　⑥ 취업규칙의 필수기재사항

· **근로계약서 교부의무**

근로계약 체결시 근로계약서를 2부 작성하여 1부는 근로자에게 주어야 합니다.
다만 다음의 사유로 중요 근로조건(임금, 소정근로시간, 휴일, 휴가)이 변경된 경우에는 근로자의 요구가 있으면 주어야 합니다.
　- 근로자대표와의 서면합의에 의해 변경된 경우
　- 취업규칙 또는 단체협약에 의해 변경된 경우
　- 법령에 의해 변경된 경우

| 방문목욕5
보수 | 직원은 기관과 근로계약을 체결하고 이에 따른 보수(임금)를 지급받습니다.
(1. 기관운영 / 2. 인적자원관리 / 2. 직원의 후생복지) | 점수
2 |

▣ 평가방향

즈 원들이 안정된 고용환경에서 근무할 수 있도록 근로계약을 체결하고 이에 따른 보수(임금)를 지급받는지 평가

▣ 평가기준

		평가기준	평가방법
ⓒ	직원	기관과 근로계약을 체결함 - 근로계약서 필수사항: 보수(임금), 소정근로시간, 휴일, 연차 유급휴가	면담
ⓒ	직원	근로계약서에 명시된 보수(임금)를 지급받음	
ⓓ	직원	보수(임금)명세서를 매월 정기적으로 제공받음	

척도	점수	채점기준
우수	2	평가기준을 모두 충족함
양호	1.5	평가기준 중 2개 항목을 충족함
보통	1	평가기준 중 1개 항목을 충족함
미흡	0	'보통'의 기준을 충족하지 못함

▣ 관련근거

➤ 근로기준법 제17조 (근로조건의 명시), 제43조(임금 지급), 제48조(임금대장 및 임금명세서)
➤ 노인복지법 시행규칙 제29조 [별표9]
  '재가노인복지시설의 시설기준 및 직원배치기준 제 4호바목'
  4. 인력기준
  바. 모든 종사자는 시설의 설치·운영자와 근로계약이 체결된 사람이어야 한다.

기준②

- 직원이 근로계약서에 명시된 보수(임금) 금액을 지급받고 있는지 면담으로 확인함

※ 스마일시니어 Tip

· 근로관계에 있어서 근로의 대가인 임금이 완전하고 확실하며, 신속하게 근로자에게 지급될 수 있도록 근로기준법에서는 **4가지 원칙**을 규정하고 있습니다.

(근로기준법 제43조)

①통화지급의 원칙

: 임금은 법령이나 단체협약에 다른 방식으로 지급하기로 정한 경우를 제외하고는 강제 통용력이 있는 「한국은행법」에 의한 화폐로 지급해야 합니다.

②직접지급의 원칙

: 임금은 근로자에게 직접 지급해야 합니다.

- 근로자의 친권자나 법정대리인에게 임금을 지급하는 것도 허용되지 않습니다.
- 근로자가 지정한 은행의 은행예금 계좌에 입금하여 임금지급일에 인출할 수 있도록 하는 것도 가능합니다.

③전액지급의 원칙

: 사용자는 법령이나 단체협약에 특별한 규정이 있을 때를 제외하고는 임금의 일부를 공제할 수 없고 전액을 근로자에게 지급해야 합니다.

- 따라서 법령에 근거가 있는 경우(소득세, 지방세, 국민건강보험, 국민연금, 고용보험)와, 단체협약에 노동조합비, 복리후생시설 이용비 등에 관한 공제를 규정하고 있는 경우에는 임금공제가 가능합니다.

④정기지급 (월 1회 이상)의 원칙

: 임금은 매월 1회 이상 일정한 날짜를 정하여 지급해야 합니다.

- 취업규칙에는 반드시 임금지급 시기를 명시해야 합니다.
- 월 도중에 근로자가 입사해도 입사한 달에 도래하는 첫 임금 지급일에 임금 일부 지급되어야 합니다.

방문목욕5 보수

직원은 기관과 근로계약을 체결하고 이에 따른 보수(임금)를 지급받습니다.
(1. 기관운영 / 2. 인적자원관리 / 2. 직원의 후생복지)

점수 2

📖 평가방향

직원들이 안정된 고용환경에서 근무할 수 있도록 근로계약을 체결하고 이에 따른 보수(임금)를 지급받는지 평가

📖 평가기준

		평가기준	평가방법
①	직원	기관과 근로계약을 체결함 - 근로계약서 필수사항: 보수(임금), 소정근로시간, 휴일, 연차 유급휴가	면담
②	직원	근로계약서에 명시된 보수(임금)를 지급받음	
③	직원	보수(임금)명세서를 매월 정기적으로 제공받음	

척도	점수	채점기준
우수	2	평가기준을 모두 충족함
양호	1.5	평가기준 중 2개 항목을 충족함
보통	1	평가기준 중 1개 항목을 충족함
미흡	0	'보통'의 기준을 충족하지 못함

📖 관련근거

➤ 근로기준법 제17조 (근로조건의 명시), 제43조(임금 지급), 제48조(임금대장 및 임금명세서)
➤ 노인복지법 시행규칙 제29조 [별표9]
  '재가노인복지시설의 시설기준 및 직원배치기준 제 4호바목'
  4. 인력기준
  바. 모든 종사자는 시설의 설치·운영자와 근로계약이 체결된 사람이어야 한다.

기준③

- 직원이 보수(임금)명세서를 매월 정기적으로 제공받고 있는지 면담으로 확인함

※ 스마일시니어 Tip

· 사업자는 임금을 지급할 때 근로자에게 **법정 기재사항이 포함된 임금명세서를 교부하여야 합니다.**(상시근로자 1인 이상 사업장 전체 적용)

· 사업자와 근로자가 임금에 대한 정확한 정보를 주고받고, 임금체불이 발생할 경우 노사 간 액수 등에 대한 다툼의 소지를 줄이는데 그 목적이 있습니다.

· **임금명세서 기재사항**
  사업자는 임금지급할 때 다음 사항이 포함된 임금명세서를 교부해야 합니다.
  - 근로자의 성명, 생년월일, 사원번호 등 근로자를 특정할 수 있는 정보
  - 임금지급일
  - 임금 총액
  - 기본급, 각종 수당, 상여금, 성과금, 그 밖의 임금의 구성항목별 금액
  - 임금의 구성항목별 금액이 출근일수·시간 등에 따라 달라지는 경우에는
    임금의 구성항목별 금액의 계산방법
    (연장근로, 야간근로 또는 휴일근로의 경우에는 그 시간 수를 포함한다)
  - 법 제43조제1항 단서에 따라 임금의 일부를 공제한 경우에는
    임금의 공제 항목별 금액과 총액 등 공제내역

· 근로자에게 **서면으로 교부**할 수도 있고, 사내전산망에 입력하거나 **이메일, 문자메시지, 모바일메신저를 통해 교부**할 수도 있습니다.

방문목욕6	5대 보험에 가입하고 퇴직금을 지급합니다.	점수
5대 보험 및 퇴직금	(1. 기관운영 / 2. 인적자원관리 / 2. 직원의 후생복지)	2

▣ 평가방향

직원의 후생복지를 위하여 5대 보험에 가입하고, 퇴직금을 지급하는지 평가

▣ 평가기준

		평가기준	평가방법
①	기 관	기관이 5대 보험에 가입되어 있으며 보험료를 완납함 - 건강보험, 노인장기요양보험, 국민연금, 고용보험, 산업재해보상보험	기 록 · 전 산
②	기 관	퇴직급여제도를 운영함 - 퇴직급여제도 운영: 퇴직급여 지급여부 확인	

척도	점수	채점기준
우수	2	평가기준을 모두 충족함
보통	1	평가기준 중 1개 항목을 충족함
미흡	0	'보통'의 기준을 충족하지 못함

▣ 지표적용기간 : 20.1월 ~ 평가일

- 평가기준 ①번은 평가일로 확인함

▣ 확인방법

기준①

- 평가일 현재 5대 보험 가입 여부를 확인함

  5대 보험 가입대상은 상시 1인 이상의 근로자를 사용하는 모든 사업장

  ※ 4대 사회보험 정보연계센터(www.4insure.or.kr)에서 4대 보험 가입증명서 등을 확인함

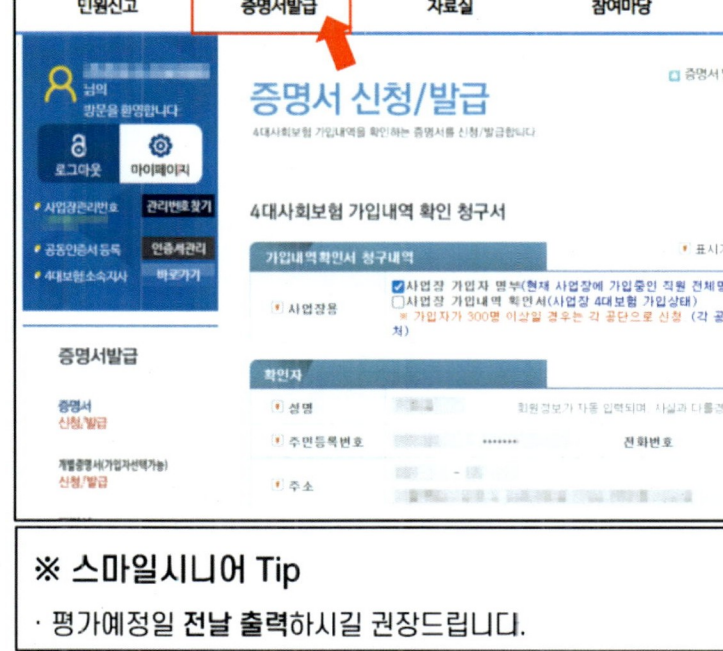

※ 스마일시니어 Tip

· 평가예정일 전날 출력하시길 권장드립니다.

방문목욕6 — 5대 보험 및 퇴직금

5대 보험에 가입하고 퇴직금을 지급합니다.
(1. 기관운영 / 2. 인적자원관리 / 2. 직원의 후생복지)

점수 2

▣ 평가방향

직원의 후생복지를 위하여 5대 보험에 가입하고, 퇴직금을 지급하는지 평가

▣ 평가기준

		평가기준	평가방법
①	기관	기관이 5대 보험에 가입되어 있으며 보험료를 완납함 - 건강보험, 노인장기요양보험, 국민연금, 고용보험, 산업재해보상보험	기록·전산
②	기관	퇴직급여제도를 운영함 - 퇴직급여제도 운영: 퇴직급여 지급여부 확인	

척도	점수	채점기준
우수	2	평가기준을 모두 충족함
보통	1	평가기준 중 1개 항목을 충족함
미흡	0	'보통'의 기준을 충족하지 못함

▣ 확인방법

기준①

- 5대 보험료 완납 여부를 확인함

  ※ 사회보험통합징수포털(si4n.nhis.or.kr)에서 완납증명서(발급용도 조달청제출) 발급

※ 스마일시니어 Tip

· 평가예정일 **전날 출력**하시길 권장드립니다.

항공분야실태 점검시 점검 3차 위반답변 | 25

운영내용9

5대 특별지역 가입하고 터치운동 지정합니다.
(1. 기장공급 / 2. 인지자원관리 / 2. 지원의 후속지지)

점수: 2

평가방법

지원의 후속지지를 하여 5대 특별지역 가입하고, 터치운동을 지정하는지 평가

평가기준

평가항목	평가기준	
기본	C 기본	기장이 5대 특별지역에 가입되어 있으며 터치운동을 운영함 - 안전보건, 근로자건강관리, 인권보험, 고용보험, 산업재해보상보험
	D 기장	운영터치운동 종료됨 - 터치운동 운영: 터치운동 지정하 확인

배점기준

점수	수	배점기준
우수	2	5대 특별 모두 충족함
보통	1	5대 특별 중 1개 항목 충족함
미흡	0	'보통'의 기장을 충족하지 못함

특별지정 제도

특별지정 제도	근로 터치기 시 사용자가 근로자에게 터치금을 지급
근로 특별지정 제도	사용자는 터치금의 계산방법 터치자사(터치금) 및 근로특별지정(공통기준)에 따른 수정 근로 터치기 시 공통기준에서 터치자사의 수정

기준 ①

- 매월 지급하는 급여에 터치금의 기가 포함된 경우 인정하지 않음
- 터치자사 특별지정 근로자사 급여의 지급방식 증세에 터치자사에게 터치금을 미지급한 경우 인정함(근로자사 특별지정 제9조)
- 근로 터치기 특별지정 사용일 제3조에 따라 터치금의 지정 여부 판단 한 경우 지정함

→ 근로 터치기 특별지정 근로자의 급여 명세 등 공동세기지(급여대장지지, 급여이제사지 등)

기준 ③

(20m~세 기 지급명시 지 부명 <예시>)

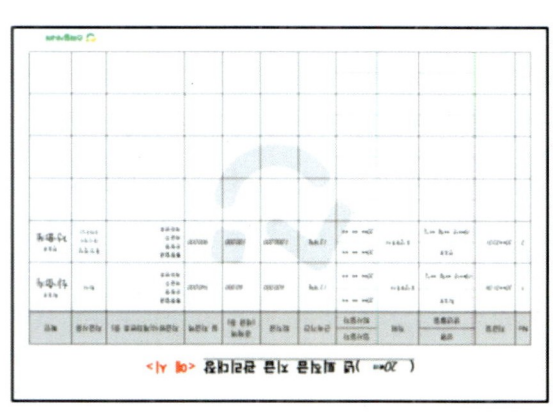

터치금 지정서

관련근거

▶ 근로자사 특별지정 제3조(특별지정), 제5조(터치자사의 지정), 제8조(터치지정 터치자사의 지정 등)
▶ 근로자사 특별지정 시행령 제3조(터치지정의 종류지지사사) 등

방문목욕7 직원복지향상

직원의 복지향상을 위해 노력합니다.
(1. 기관운영 / 2. 인적자원관리 / 2. 직원의 후생복지)

점수 2

평가방향

기관이 직원의 후생복지를 위해 노력하는지 평가

평가기준

		평가기준	평가방법
①	기관	복지(포상 등)에 관한 규정에 따라 분기별 1회 이상 제공함	기록
②	기관	복지(포상 등)에 관한 규정에 따라 반기별 1회 이상 제공함	
③	기관	평가결과 가산금을 지급받은 기관은 일부를 직원 처우개선을 위해 사용함	

척도	점수	채점기준
우수	2	평가기준 중 ①,③번 항목을 충족함
양호	1.5	평가기준 중 ②,③번 항목을 충족함
보통	1	평가기준 중 ①번 항목을 충족함
미흡	0	'보통'의 기준을 충족하지 못함

관련근거

- 장기요양급여 제공기준 및 급여비용 산정방법 등에 관한 고시 제11조(종사자처우개선 등)
- 장기요양 평가 방법 등에 관한 고시 제9조(가산 지급기준)
  ③ 공단은 제1항에 따라 가산금을 받는 장기요양기관에 대하여 평가위원회의 심의를 거쳐 가산금의 일정부분을 종사자의 처우개선을 위하여 사용하도록 할 수 있다.

지표적용기간 : 20.1월 ~ 평가일

확인방법

기준①, ②

- 기관내부규정에 따라 복지(포상 등)을 제공하고 있는지 관련규정, 지출내역에 대한 근거자료(거래이체내역, 영수증 등)를 확인함
  - 복지(포상) 예시: 서적, 상품권 등의 현물 지원, 교육·훈련비 지원, 동호회 지원, 의료비 지원, 휴가비·교통비·피복비·예방접종비 지원, 단체(상해)보험 가입, 포상휴가, 포상에 따른 상금, 명절선물, 특별수당 등 인건비에 포함하지 않는 급여 외 수당만 인정함
  - 후원품 증정, 회식 또는 상장(상패)만 수여 등 직원의 후생복지 목적과 부합하지 않을 경우 인정하지 않음

※ 2번기관 스마일시니어 운영규정

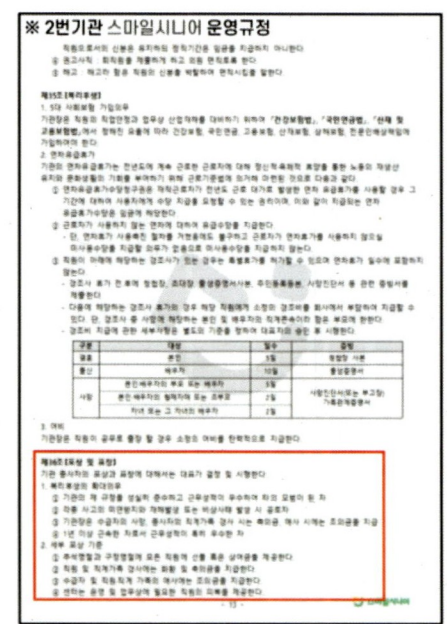

※ 3번기관 스마일시니어 운영규정

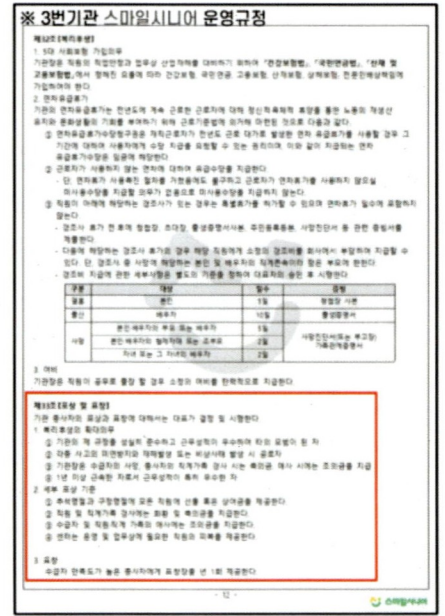

평가용증빙자료 만들기 쉽고 쉬운 평가운영

■ 평가기준

항목	점수	세부기준
우수	2	평가기준 중 ①,②,③항 항목을 충족함
양호	1.5	평가기준 중 ①,②항 항목을 충족함
보통	1	평가기준 중 ①항 항목을 충족함
미흡	0	항목의 ①항목을 충족하지 않음

■ 판정근거

> 평가대상기간 동안 지원사업비 등을 기관지침에 따라 체계적으로 관리하였음
> (증빙자료: 지출결의서 등)

> 평가대상기간 동안 회계감사 결과 지적사항이 없었음

> ③ 동 항목의 세부기준에 따라 평가기간중에 해당되는 평가지원자료의 사본을 가지고 있다가 사실여부 등을 평가개시일 전후에 사용하여 사용하도록 할 수 있다.

■ 평가항목

평가항목	평가기준	
기록	기준 ①	서류(접수 등)에 예산지원 규정에 따라 관리 1회 이상 지원됨
	기준 ②	서류(결산 등)에 예산지원 규정에 따라 관리 1회 이상 지원됨
	기준 ③	지원금과 지원금액의 증빙을 지원해 당사자 지원계획 확인
		예 사용방법

■ 평가가능성

항목	점수	
평가독립가능성	2	지원금 독립지원성을 위한 독립가능성 확인됩니다.
		(1. 기관공정, 2. 인지적지원검정 / 2. 지원인 독립성적)

■ 지표적용기간 : 20.1월 ~ 월기말

■ 확인방법

- 기준 ①, ②

• 기관대부규정에 따라 복지(급여 등)를 지원하고 있는지 공원규정, 기관내역에 대한 근사지침(가이드라인에내역, 영수증 등)를 확인하여
- 복지(급여) 예시 : 사택, 생활공급 등 현물 관련지원, 교통·숙소지원, 연수지원, 의료비 지원, 복합복리 지원, 고경로·피복지·해방유원지원, 단체(장해)보험 가입, 복리후생비 지원
- 복리후생 지원, 해비, 식비, 피복(정복)등 물품 수용 중 실급서류 확인 등을 통하여 복지지원 규정에 준하여 지출하고 있는지 수령인 확인증 등 확인

인정하지 않음

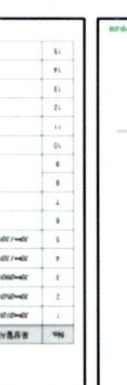

<예시> 〇〇시설 00 직원 복지 지원내역 (20xx..)
<예시> 〇〇시설 00 직원 복지 지원내역

방문목욕7 직원복지향상

직원의 복지향상을 위해 노력합니다.
(1. 기관운영 / 2. 인적자원관리 / 2. 직원의 후생복지)

점수 2

▣ 평가방향

기관이 직원의 후생복지를 위해 노력하는지 평가

▣ 평가기준

		평가기준	평가방법
①	기 관	복지(포상 등)에 관한 규정에 따라 분기별 1회 이상 제공함	기 록
②	기 관	복지(포상 등)에 관한 규정에 따라 반기별 1회 이상 제공함	
③	기 관	평가결과 가산금을 지급받은 기관은 일부를 직원 처우개선을 위해 사용함	

척도	점수	채점기준
우수	2	평가기준 중 ①,③번 항목을 충족함
양호	1.5	평가기준 중 ②,③번 항목을 충족함
보통	1	평가기준 중 ①번 항목을 충족함
미흡	0	'보통'의 기준을 충족하지 못함

▣ 관련근거

➤ 장기요양급여 제공기준 및 급여비용 산정방법 등에 관한 고시 제11조(종사자 처우개선 등)
➤ 장기요양 평가방법 등에 관한 고시 제9조(가산 지급기준)
   ③ 공단은 제1항에 따라 가산금을 받는 장기요양기관에 대하여 평가위원회의 심의를 거쳐 가산금의 일정부분을 종사자의 처우개선을 위하여 사용하도록 할 수 있다.

기준③

- 평가결과 가산금 사용내역에 대한 근거자료(거래이체내역, 영수증 등)를 확인함
  - 가산금 사용내역이 확인되지 않을 경우 인정하지 않음
- 평가결과 가산금을 지급받은 기관만 확인하며,
  가산금을 지급받지 않은 기관은 평가기준 ③번을 'Y(충족)'로 평가함

공모내용 8

지킴이 활동을 보고하기 위해 보고서를 작성합니다.
(1. 기관공람 / 2. 인지지원등급지 / 2. 지킴이 활동일지)

점수: 3

평가기준

기관이 지킴이 활동을 보고하기 위해 보고서를 작성하기

평가항목		평가기준
기록·작성	기관 ①	지킴이 활동 보고를 위한 지킴이 활동 보고서를 작성하여 공람함
	기관 ②	필수사항: 고용지킴이지침, 고용지킴이대장, 장려대상, 고용지킴이
	기관 ③	지킴이 인지장애 대응지침을 마음이 지킴이 지침에 대해 유 1회 이상 고용교육 실시함
교육	기관 ④	지킴이 인지장애 대응지침에 대해 교육을 받고 그 내용을 숙지함

평가기준표

점수	구분	평가기준
3	우수	평가기준 모두 중족함
2.25	양호	평가기준 중 ①,②,③ 또는 ①,②,④ 평가기준을 중족함
1.5	보통	평가기준 중 ①,② 평가기준을 중족함
0	미흡	모두의 기준을 중족하지 못함

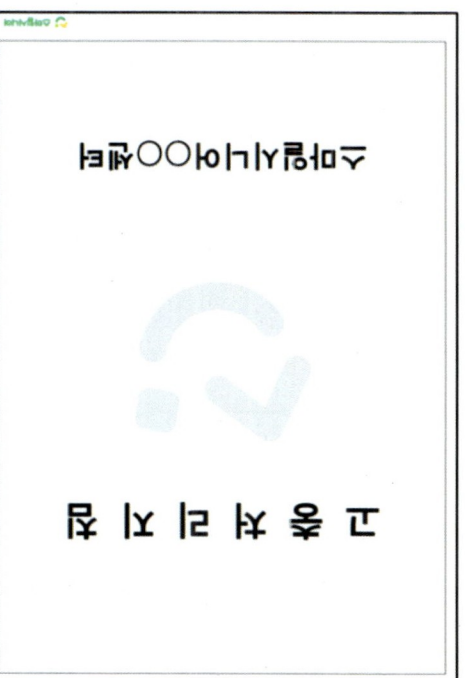

고종차지킴이

소리빌사이버○○센터

기능

기준 ①

- 고용지킴이를 마음이하고 그에 대한 운영하기 필수사용을 확인함
- 고용지킴이를 해당하는 생명이 되는 운영하으로 마음 등도 고용지킴이 가능한 등을 통해(홈페이지, 자동게시판, SNS, 고용이용 등) 모두 인정함

활동일정

- 지역활동기간: 20년 1월 ~ 현기말
- 평가기간 ①,②,④이후 23주 1일 마다 지원

방문목욕8 직원권익보호
직원의 권익을 보호하기 위해 노력합니다.
(1. 기관운영 / 2. 인적자원관리 / 2. 직원의 후생복지)

점수 3

📋 평가방향
기관이 직원의 권익을 보장하기 위해 노력하는지 평가

📋 평가기준

		평가기준	평가방법
①	기관	직원의 의견 및 고충을 처리하기 위한 고충처리 절차를 마련하여 운영함 - 필수사항: 고충처리지침, 고충처리대장, 고충처리함	기록·현장
②	기관	직원의 인권침해 대응지침을 마련하고 모든 직원에 대해 연 1회 이상 교육을 실시함 - 필수사항: 교육일시, 강사명, 교육내용, 교육방법, 참석자명(서명)	
③	기관	직원은 고충처리절차를 알고 있으며, 그에 따른 적절한 조치를 받음	면담
④	기관	직원은 인권침해 대응지침에 대해 교육을 받고 그 내용을 숙지함	

척도	점수	채점기준
우수	3	평가기준을 모두 충족함
양호	2.25	평가기준 중 ①,②,③번 또는 ①,②,④번 항목을 충족함
보통	1.5	평가기준 중 ①,②번 항목을 충족함
미흡	0	'보통'의 기준을 충족하지 못함

기준②

- 직원의 인권이 침해 되었을 경우 대응하는 지침을 마련하여 직원의 인권을 보호하고 인권침해 예방교육을 실시하고 있는지 확인함.
  - 수급자 및 가족으로부터 발생 할수 있는 직원의 인권침해 유형별 대응방법이 포함 되어 있어야함.

  ※ 인권침해 유형 폭언 폭행 상해 또는 성희롱 성폭력 행위 급여 외 행위 제공 요구

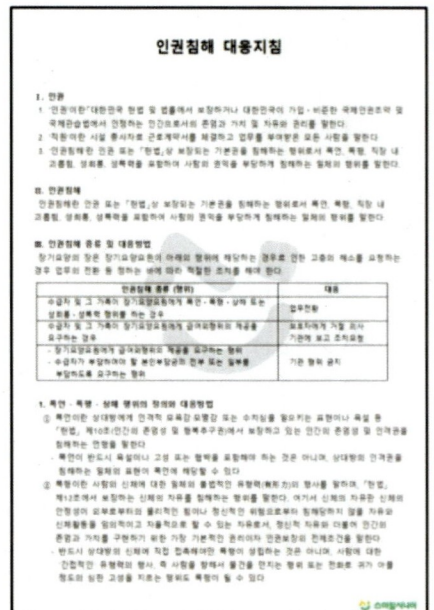

※ 스마일시니어 인권침해 대응지침
Ⅰ. 인권
Ⅱ. 인권침해
Ⅲ. 인권침해 종류 및 대응방법
　1. 폭언·폭행·상해 행위의 정의와 대응방법
　2. 성희롱·성폭력의 정의와 대응방법
　3. 급여 외 행위 제공 요구의 정의와 대응방법

평가영역8

평가영역8	지원이 장애인을 보호하기 위해 노력하는가.	점수
지원자의 의무	(1. 기장공유 / 2. 인지장애점검 / 2. 지원의 후속처지)	3

■ 평가내용

기관이 지원인의 권익을 보호하기 위해 노력하고 있는지를 평가

■ 평가기준

구분	평가기준	평가척도
기록·관리	① 지원인 이용 및 고충을 처리하기 위한 고충처리 절차를 마련하여 운영함 - 필수사항: 고충처리지침, 고충처리대장, 고충처리함	기점
	② 지원의 인지장애 대응지침을 마련하고 마음챙김 등 지원에 대해 연 1회 이상 교육을 실시함 - 필수사항: 교육일지, 참석자명단, 교육내용, 참석사진(자료)	기점
운영	③ 지원이 고충처리절차를 알고 있으며, 그에 대한 지원을 조치하고 등	기점
	④ 지원이 인지장애 대응지침에 대해 교육을 받고 그 내용을 숙지함	기점

구분	점수	세부기준
우수	3	평가기준 모두 충족함
양호	2.25	평가기준 4개 항목 중 ①,②,③,④ 항목 중 3개 항목을 충족함
보통	1.5	평가기준 중 ①,②에 해당 항목을 충족함
미흡	0	위 등의 기준을 충족하지 못함

기준⑤

• 지원이 고충처리절차를 알고 있으며 고충 발생 시 지원을 받고 있는지 지원

가 명문화 됨
- 고충대상: 아동사항, 인사성운영, 성추행 및 건강, 수급자 및 기관이 지원에게

복지·복리·수해 등 상황에서 상처와 공격의 상처가 지정 조치 등

<예시> 고충 접수 등록지   <예시> 고충 접수 - 수수 접수 (응답)

방문목욕8 — 직원권익보호

직원의 권익을 보호하기 위해 노력합니다.
(1. 기관운영 / 2. 인적자원관리 / 2. 직원의 후생복지)

점수 3

▣ 평가방향

기관이 직원의 권익을 보장하기 위해 노력하는지 평가

▣ 평가기준

		평가기준	평가방법
①	기관	직원의 의견 및 고충을 처리하기 위한 고충처리 절차를 마련하여 운영함 - 필수사항: 고충처리지침, 고충처리대장, 고충처리함	기록·현장
②	기관	직원의 인권침해 대응지침을 마련하고 모든 직원에 대해 연 1회 이상 교육을 실시함 - 필수사항: 교육일시, 강사명, 교육내용, 교육방법, 참석자명(서명)	
③	기관	직원은 고충처리절차를 알고 있으며, 그에 따른 적절한 조치를 받음	면담
④	기관	직원은 인권침해 대응지침에 대해 교육을 받고 그 내용을 숙지함	

척도	점수	채점기준
우수	3	평가기준을 모두 충족함
양호	2.25	평가기준 중 ①,②,③번 또는 ①,②,④번 항목을 충족함
보통	1.5	평가기준 중 ①,②번 항목을 충족함
미흡	0	'보통'의 기준을 충족하지 못함

기준 ④

- 인권침해 대응지침 및 수급자(보호자)의 급여 외 행위의 제공 요구 대처방법에 대한 교육을 받고 내용을 숙지하고 있는지 직원과 면담으로 확인함.

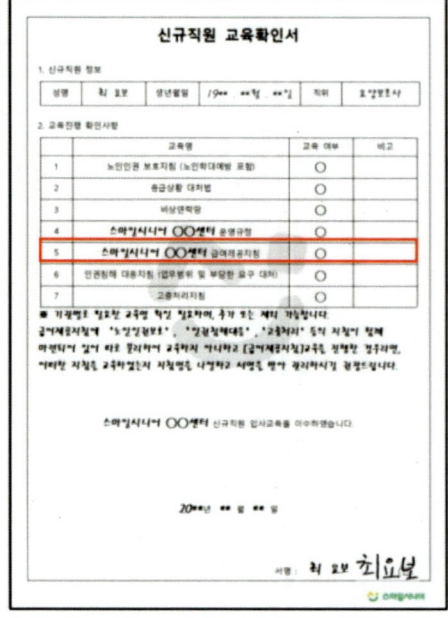

방문목욕9 직무교육	요양보호사가 직무교육에 참여할 수 있도록 노력합니다. (1. 기관운영 / 2. 인적자원관리 / 3. 직원교육)	점수 2

▣ 평가방향

기관이 요양보호사가 직무교육에 참여할 수 있도록 하여 장기요양급여의 질 제고를 위해 노력하는지 평가

▣ 평가기준

	평가기준	평가방법
기관	요양보호사 직무교육 대상자가 직무교육에 참여함 $\dfrac{\text{직무교육 이수자 수}}{\text{직무교육 대상자 수}} \times 100$	전산 · 기록

척도	점수	채점기준
우수	2	직무교육을 이수한 요양보호사 비율이 80% 이상 충족함
양호	1.5	직무교육을 이수한 요양보호사 비율이 60% 이상~80% 미만 충족함
보통	1	직무교육을 이수한 요양보호사 비율이 40% 이상~60% 미만 충족함
미흡	0	직무교육을 이수한 요양보호사 비율이 40% 미만임
해당없음	제외	직무교육 대상 선정 이후 이직 등으로 요양보호사 직무교육 대상자가 한 명도 없는 기관

▣ 지표적용기간 : 22년 1월 ~ 22년 12월

▣ 확인방법

- 이수율은 소수점 첫째자리에서 반올림함
- 직무교육 대상자 : 장기요양정보시스템에서 직무교육 대상자로 조회되는 해당급여 소속 요양보호사
- 직무교육 대상제외자 : 퇴직자, 고용보험 Ⅱ 가입자, 휴직자 등
- 직무교육 이수자 : 요양보호사 직무교육 기관에서 직무교육을 이수하고, 장기요양정보시스템에서 이수내역이 확인되는 요양보호사
  - 장기요양정보시스템에서 미확인되는 경우 : 훈련 수료자 보고서, 이수증 등으로 인정여부 확인

방문목욕

2. 환경 및 안전
10. 개인정보보호
11. 위생적 급여제공
12. 목욕장비
13. 위험도 평가

방문목욕10	개인정보를 보호하기 위해 노력합니다.	점수
개인정보보호	(2. 환경 및 안전 / 1. 정보관리 / 1. 개인정보보호)	1

▣ 평가방향

기관은 수급자 등의 개인정보를 보호하여 관리하는지 평가

▣ 평가기준

		평가기준	평가방법
①	기 관	개인정보 관련 자료 보관함에 잠금장치가 되어 있음	현 장
②	기 관	개인정보 관련 자료를 적정하게 보관함	

척도	점수	채점기준
우수	1	평가기준을 모두 충족함
보통	0.5	평가기준 중 ①번 항목을 충족함
미흡	0	'보통'의 기준을 충족하지 못함

▣ 지표적용기간 : 평가일

▣ 확인방법

기준①

- 개인정보 관련 자료를 보관하는 보관함의 잠금장치 여부와 잠금장치의 정상 작동 여부를 확인함

  ※ 개인정보 : 개인 식별과 관련된 정보

※ 스마일시니어 Tip

· 잠금장치여부 분만 아니라, 유리등으로 되어있어 안에 수급자,근로자와 관련된 자료 보관 여부가 확인되면 안됩니다.(시군구 지도점검과 연결되는 사항)

  혹시나 투명한 재질로 되어있는 장이라고 하시면 불투명한 시트지 등을 붙이셔서 보관중인 자료가 확인되지 않도록 하여야 합니다.

· 잠금장치가 없는 장을 사용중 이시라면,
  장에 설치가능한 잠금장치들을 꼭 설치하셔야 합니다. 자물쇠 등도 가능합니다.

방문목욕10 개인정보보호

개인정보를 보호하기 위해 노력합니다.
(2. 환경 및 안전 / 1. 정보관리 / 1. 개인정보보호)

점수 1

평가방향

기관은 수급자 등의 개인정보를 보호하여 관리하는지 평가

평가기준

		평가기준	평가방법
①	기관	개인정보 관련 자료 보관함에 잠금장치가 되어 있음	현장
②	기관	개인정보 관련 자료를 적정하게 보관함	

척도	점수	채점기준
우수	1	평가기준을 모두 충족함
보통	0.5	평가기준 중 ①번 항목을 충족함
미흡	0	'보통'의 기준을 충족하지 못함

관련근거

- 개인정보호법 제29조(안전조치의무)
  개인정보처리자는 개인정보가 분실·도난·유출·위조·변조 또는 훼손되지 아니하도록 내부 관리계획 수립, 접속기록 보관 등 대통령령으로 정하는 바에 따라 안전성 확보에 필요한 기술적·관리적 및 물리적 조치를 하여야 한다.

- 장기요양급여 제공기준 및 급여비용 산정방법 등에 관한 고시 제9조
  (비밀보장 및 학대행위의 금지)
  ① 장기요양기관에 종사하고 있거나 종사하였던 자 및 가족요양비와 관련된 급여를 제공한 자는 법 제62조에 따라 업무 수행 중 알게 된 수급자 및 그 가족의 개인 정보 등의 비밀을 다른 사람에게 누설하거나 직무상 목적 외의 용도로 이용하여서는 아니 된다.

기준②

- 개인정보 관련 자료의 보관함 외의 장소에 개인정보 관련 자료가 발견된 경우 불인정함

> ※ 스마일시니어 Tip
>
> · 평가전일 또는 평가당일에는 수급자 및 직원과 관련된 자료는 모두 잠금장치가 되어있는 **문서보관함**에 넣어주시고, 꼭 **잠금장치**를 해주셔야 합니다.
> 평가일, 문서보관함을 평가자가 열어 볼 수도 있습니다.
> 꼭 잠금장치로 잠가 두시길 권장드립니다.
>
> · 개인정보가 있는 문서는 **파쇄기**를 사용하시길 권장드립니다.
> 개인정보가 있는 문서는 **이면지**로 활용하시면 안됩니다. 사용중인 이면지 중 수급자 및 직원의 개인정보가 확인되는 문서가 있다면 **파쇄**하시길 권장드립니다.

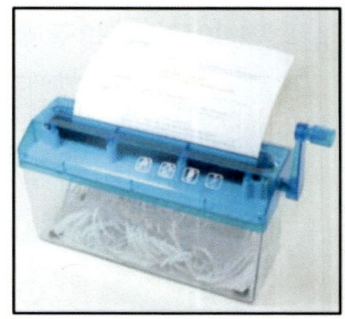 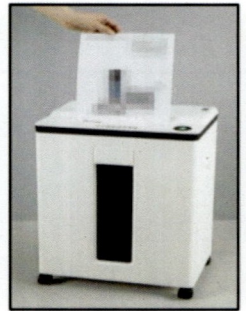 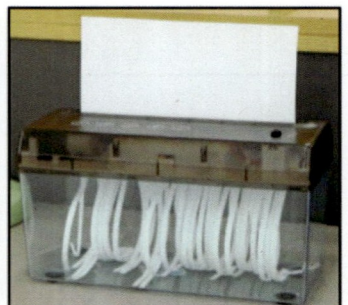

방문목욕11 위생적 급여제공

위생적으로 급여를 제공합니다.
(2. 환경 및 안전 / 2. 위생 및 감염관리 / 1. 위생관리)

점수 4

◨ 평가방향

급여제공직원이 수급자에게 위생적으로 급여를 제공하고 있는지 평가

◨ 평가기준

		평가기준	평가방법
①	수급자	직원으로부터 위생적인 급여를 제공받음	면담
②	직원	급여제공자임을 알 수 있는 복장(유니폼 등)을 위생적으로 착용함	관찰
③	직원	급여를 제공하는 환경을 청결하게 관리함	현장

척도	점수	채점기준
우수	4	평가기준을 모두 충족함
양호	3	평가기준 중 2개 항목을 충족함
보통	2	평가기준 중 1개 항목을 충족함
미흡	0	'보통'의 기준을 충족하지 못함

◨ 지표적용기간 : 평가일

◨ 확인방법

기준①
- 급여제공직원이 위생적으로 급여를 제공하는지 수급자에게 면담으로 확인함.

※ 스마일시니어 Tip
- 코로나19 이슈로 인해 더욱 강조되는 사항입니다.
  급여제공전 **손소독 또는 손씻기**를 철저히 하도록 교육합니다.
  급여제공시에는 **마스크와 앞치마**를 청결하고 바르게 착용하도록 교육합니다.
  특히 평가기간(1주일정도)동안은 청결한 상태의 앞치마와 마스크를 늘 착용하도록 교육합니다.

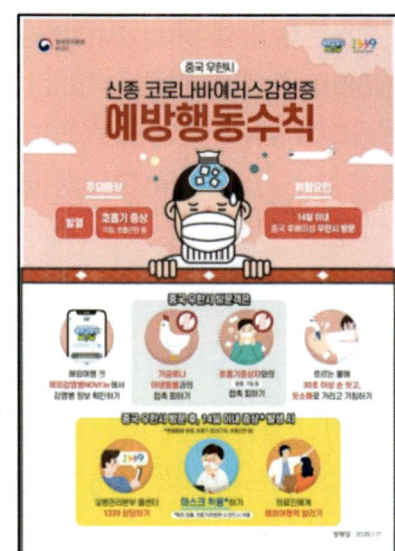

방한복등급11

| 상시착용 금어지대 | 상시착용으로 금어를 채용합니다. (2. 경창 및 안전 / 2. 상시 및 경창경지 / 1. 상시경지) | 점수 4 |

■ 평가항목

금어재정인이 수급지역에 상시적으로 금어를 채용하고 있는지 평가

■ 평가기준

평가항목		평가기준	
①	수급지	상시적으로 상시적인 금어를 채용	
②	상시	금어재정인이 채용할 수 있는 상황(휴무일 등)에 상시적으로 채용함	상시
③	경지	금어를 채용하지 않거나 상시적으로 채용하지 않음	경지

등급	점수	세부기준
수수	4	평가기준 모두 충족함
우수	3	평가기준 2개 중 2개 항목 충족함
보통	2	평가기준 2개 중 1개 항목 충족함
미흡	0	모두 의 기준을 충족하지 않음

기준②

- 금어재정인의 경우 수급지 금어 하나를 상시적으로 채용하고 있는지 확인함
- 금어재정인의 상시적으로 확인함
- 하나 이 해당 기간의 경우이나 금어재정운영의 이들이 세겨져 있지 확인함
- 다른 기능의 상시 양정이 야규에 등 금지어에게 상해를 입할 수 있는
  양정은 확인정원

※ 아이성지나이 Tip
- 금어재정시 사용하는 양지나 하나를 이용으로 합니다.
- 양치에는 기관의 명이 확인되어야 합니다.
- 옷판 등을 사용하면 양지에게 상해를 입할 수 있으므로 사용을 금합니다.

 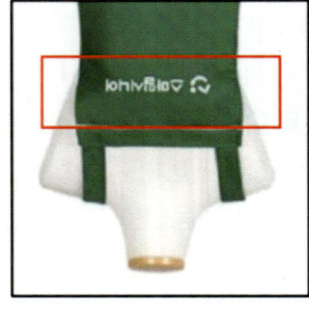 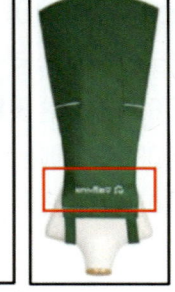

방문목욕11
위생적 급여제공

위생적으로 급여를 제공합니다.
(2. 환경 및 안전 / 2. 위생 및 감염관리 / 1. 위생관리)

점수 4

◩ 평가방향

> 급여제공직원이 수급자에게 위생적으로 급여를 제공하고 있는지 평가

◩ 평가기준

		평가기준	평가방법
①	수급자	직원으로부터 위생적인 급여를 제공받음	면담
②	직원	급여제공자임을 알 수 있는 복장(유니폼 등)을 위생적으로 착용함	관찰
③	직원	급여를 제공하는 환경을 청결하게 관리함	현장

척도	점수	채점기준
우수	4	평가기준을 모두 충족함
양호	3	평가기준 중 2개 항목을 충족함
보통	2	평가기준 중 1개 항목을 충족함
미흡	0	'보통'의 기준을 충족하지 못함

기준③
- 목욕차량 또는 이동용 욕조 및 목욕용품이 청결한지 현장에서 확인함

> ※ 스마일시니어 Tip
>
> · **목욕차량**에 있는 **목욕용구**의 상태 확인
>   - 욕조: 청결확인
>   - 배수펌프: 목욕 후 물을 완전히 배수시키기 위한 펌프
>   - 바닥 깔판: 방바닥에 물을 흘리지 않도록 하는 깔판
>   - 급수호스: 물탱크에 물을 받기 위한 호스
>   - 온수호스: 덥혀진 온수를 욕조에 공급하는 호스
>   - 연결호스: 차량의 급수구와 온수 호스와의 연결 호스
>   - 전기릴: 전원을 차량으로 끌어오기 위한 릴
>   - 들것망: 혼자서 몸을 지탱하지 못하는 수급자를 위한 보조망
>   - 샤워기: 가정의 온수를 사용할 때 연결하는 물품
>
> · **목욕후 욕조관리**
>
> ① 사용한 목욕물은 버리고, 욕조는 세정제로 소독한 후 뜨거운 물로 충분히 씻는다.
> ② 사용한 스펀지, 때 수건은 깨끗이 세정 후 건조시킨다.
> ③ 샴푸, 물통, 의자, 샤워용 휠체어, 미끄럼방지 매트 등은 세제로 씻고 샤워기를 이용하여 충분히 헹군 후 건조시킨다.
> ④ 튜브형 욕조의 경우 욕조 청소 후 주입된 공기를 제거하고, 바닥에 깐 방수포를 정리한다.
> ⑤ 목욕으로 바닥이 미끄러울 수 있으므로 물기를 완전히 제거하고 목욕공간을 정리한다

육아용품12	수	
안전성비	1	영유아에게 필요한 필수적인 장비를 갖추고 있지합니다. (2. 필수장비 중 1인증 / 3. 사용 및 관리편의성 / 2. 물리적 안전)	

■ 평가기준량

기관에서 공이지 영유아 필수 안정장비를 갖추고 사용자적으로 관장하는지 평가

■ 평가기준

평가기준량		평가기준
① 안정	기관	영유아의 특성 이동용점 상태를 갖추어 구비되어 - 연락처시설 필수사용장비: 측주, 공동가,기저기, 한순용, 품소용, 편
② 기관	기관	영유아 수면장치를 자장하여
③ 기관	기관	필수사용이 민주 확인되는 - 편수사용: 영식, 시각, 수용자기, 수건제용점, 속조소용, 한순자용

정보	수	제평기준
수수	1	필수기간동 모두 중정되어
수수	0.75	필수기간동 중 ①번 영상기동 중정되어
주도	0.5	필수기간동 중 ①번 영상기동 중정되어
미흡	0	미흡에 가기간동 중정되지 유영

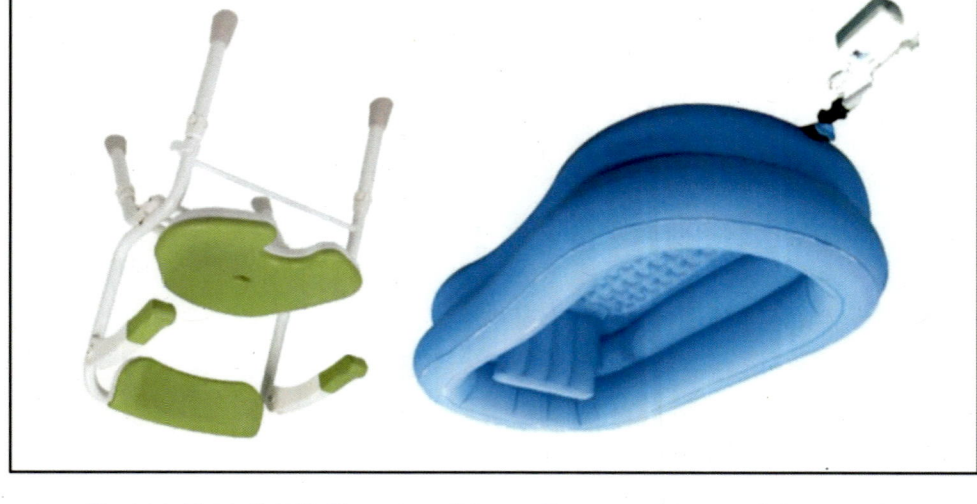

■ 지표적용기간 : 20.1월 ~ 평가일

■ 확인방법
  기준①
- 이동영사용돈 필수 준비가 운영해 판과 후실 등을 공정에 사장하사
  등이 사용공돈 차장 이 이동영사용돈 표기되어 있는지 장사장이나 사용동
  요를 갖추고 있는지 확신한다. 또 ②는 이동영사용돈 사용동 사동사용
  중에 사용영사용사에 대한 해당 내용이 표기된 자장을 의미함
- 영사사용이 있는 기간은 이동이 공상 평사하이 수기된 중점으로 중요시장
  ※ 이동영사 등 필수장사용사용이 기증하지 않는 국공자유치원 등은 공사장비 등이 미비

40

방문목욕12 목욕장비

방문목욕에 필요한 장비를 갖추고 관리합니다.
(2. 환경 및 안전 / 3. 시설 및 설비관리 / 2. 설비관리)

점수 1

▣ 평가방향

> 기관에서 급여제공에 필요한 목욕장비를 갖추고 위생적으로 관리하는지 평가

▣ 평가기준

		평가기준	평가방법
①	기관	목욕차량 또는 이동용 욕조를 구비함 - 목욕차량 필수부속설비 : 욕조, 급탕기, 물탱크, 호스릴, 펌프	현장
②	기관	욕조의 소독일지를 작성함	기록
③	기관	필수사항이 모두 확인됨 - 필수사항 : 일자, 시간, 수급자명, 소독제품명, 욕조구분, 소독자명	

척도	점수	채점기준
우수	1	평가기준을 모두 충족함
양호	0.75	평가기준 중 ①,②번 항목을 충족함
보통	0.5	평가기준을 ①번 항목을 충족함
미흡	0	'보통'의 기준을 충족하지 못함

기준②,③

- 욕조구분은 가정용 욕조 기관용 이동욕조 차량욕조로 구분함
- 소독은 목욕할 때 마다 실시하는 것을 원칙으로 하며 살균표백제도 인정함
- 욕조를 구비하고 있으나 사용하지 않는 경우 입욕 목욕이 불가한 내용을 확인함

※ 스마일시니어 Tip

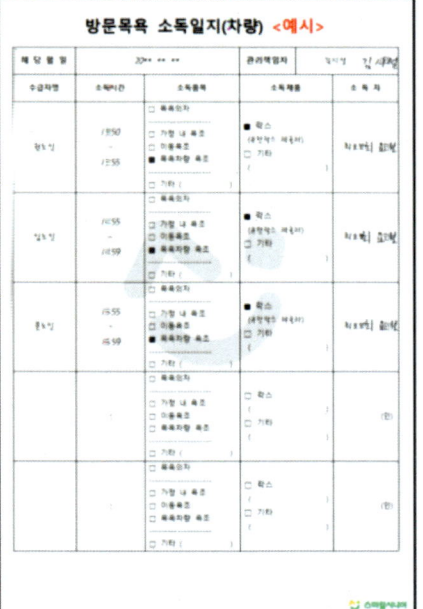

스마일시니어에서 제공하는 2가지 서식 중 택 1하여 작성·관리 가능합니다.
- 소독제품의 명을 정확히 기록 합니다.
  어느 제조사의 어느 제품인지 정확히 기록하여 관리합니다.

방문목욕13 위험도 평가	수급자의 낙상 및 욕창 위험도, 인지기능 상태를 정기적으로 평가합니다. (2. 환경 및 안전 / 4. 안전관리 / 1. 안전상황)	점수 4

▣ 평가방향

수급자의 낙상 및 욕창 위험도, 인지기능 상태를 정기적으로 평가하여 수급자 상태에 맞는 적절한 서비스를 제공하고 있는지 평가

▣ 직전 평가기준 (20.1월~ 22.12월)

평가기준		평가방법
타당한 평가도구를 사용하여 수급자 상태를 파악함 - 필수사항: 수급자명, 평가일자, 작성자명 - 신규수급자는 급여개시 전까지 실시하였는지 확인함 - 낙상 및 욕창 위험도 평가, 인지기능검사는 해당급여 직원이 실시하였는지 확인함. 다만, 외부 전문기관에서 실시한 인지기능검사는 해당급여 직원 여부를 확인하지 않음		기 록
①	기 관	낙상 위험도 평가를 연 1회 이상 실시함	
②	기 관	욕창 위험도 평가를 연 1회 이상 실시함	
③	기 관	인지기능검사를 연 1회 이상 실시함	

척도	점수	채점기준
우수	4	수급자 자료 표본 모두 평가기준을 충족함
양호	3	수급자 자료 표본의 75% 이상 평가기준을 충족함
보통	2	수급자 자료 표본의 50% 이상 평가기준을 충족함
미흡	0	'보통'의 기준을 충족하지 못함

▣ 지표적용기간 : 20.1월 ~ 평가일

- 연 1회 주기는 회계연도를 기준으로 함.(23년 1월 부터)

  단, 20.1월~ 22년 12월까지는 **직전 정기평가 기준**으로 확인함

▣ 직전 정기평가 확인방법 (20.1월 ~ 22.12월)

- 연 1회는 365일을 기준으로 확인하며 추가 30일간의 유예기간을 포함함

  (예시) 2018년 9월 17일에 실시한 경우,

  2019년 9월 16일 + 30일 = 2019년 10월 16일까지 확인함.

- 검증된 도구(관련학회나 논문에서 발표된 도구)를 이용하여 낙상, 욕창위험 등의 수준을 파악할 수 있어야 함

  - 낙상위험측정도구(예시) : Huhn의 낙상위험도 평가도구
  - 욕창위험측정도구(예시) : Braden scale 평가도구
  - 인지기능검사도구(예시) : CIST(인지선별검사)

  ※ 인지선별검사는 중앙치매센터(www.nid.or.kr)에서 교육 이수 후 활용 (인터넷 교육 이수 가능)

※ **스마일시니어 Tip**

· K-MMSE 저작권

  2020년말까지 무료 사용이 가능하였으나, 2020년 4월에 정식으로 한국판 K-MMSE-2가 출판되면서 저작권료를 지불시에만 사용이 가능합니다.

· 인지선별검사는 CIST(인지선별검사)를 활용 권장드립니다.

  중앙치매센터에서 교육을 꼭 이수하여야 합니다.

방문목욕13 위험도 평가

수급자의 낙상 및 욕창 위험도, 인지기능 상태를 정기적으로 평가합니다.
(2. 환경 및 안전 / 4. 안전관리 / 1. 안전상황)

점수 4

▣ 평가방향

수급자의 낙상 및 욕창 위험도, 인지기능 상태를 정기적으로 평가하여 수급자 상태에 맞는 적절한 서비스를 제공하고 있는지 평가

▣ 직전 평가기준 (20.1월~ 공고예정22.12월)

평가기준			평가방법
타당한 평가도구를 사용하여 수급자 상태를 파악함 - 필수사항: 수급자명, 평가일자, 작성자명 - 신규수급자는 급여개시 전까지 실시하였는지 확인함 - 낙상 및 욕창 위험도 평가, 인지기능검사는 해당급여 직원이 실시하였는지 확인함. 다만, 외부 전문기관에서 실시한 인지기능검사는 해당급여 직원 여부를 확인하지 않음			기록
①	기관	낙상 위험도 평가를 연 1회 이상 실시함	
②	기관	욕창 위험도 평가를 연 1회 이상 실시함	
③	기관	인지기능검사를 연 1회 이상 실시함	

척도	점수	채점기준
우수	4	수급자 자료 표본 모두 평가기준을 충족함
양호	3	수급자 자료 표본의 75% 이상 평가기준을 충족함
보통	2	수급자 자료 표본의 50% 이상 평가기준을 충족함
미흡	0	'보통'의 기준을 충족하지 못함

▣ 직전 정기평가 확인방법 (20.1월 ~ 22.12월)

- 평가기준 ③ 수급자가 치매 약을 복용하는 경우에는 'Y'로 평가하며 약 복용 여부는 욕구평가, 상담 등으로 확인함
  - 치매검사 구분 : 1. 치매선별검사(K-MMSE 등), CIST(인지선별검사)
  2. 치매진단검사(신경인지검사, 전문의 진료 등)
  3. 치매감별검사(혈액검사, 뇌 영상촬영 등)

※ 스마일시니어 Tip

- **20.1월 ~ 22.12월까지는** 수급자가 치매약을 복용하는 경우에는 'Y'로 평가하며 약 복용여부는 욕구평가, 상담 등으로 확인합니다.

- 욕구사정 기록지 작성시 질병상태 또는 인지상태, 총평등에 치매약관련 내용을 기록하여 관리합니다.

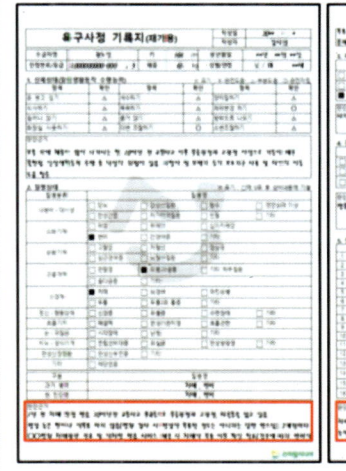
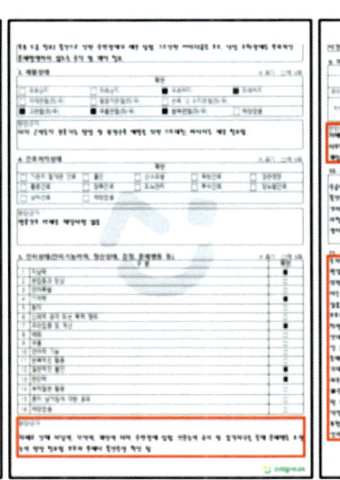
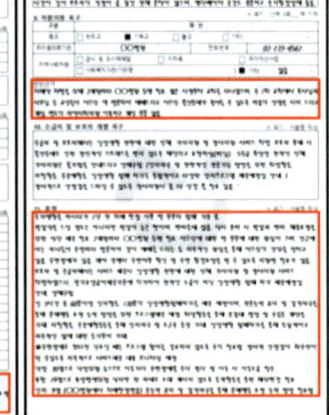

방문목욕13 위험도 평가	수급자의 낙상 및 욕창 위험도, 인지기능 상태를 정기적으로 평가합니다. (2. 환경 및 안전 / 4. 안전관리 / 1. 안전상황)	점수 4

▣ 평가방향

수급자의 낙상 및 욕창 위험도, 인지기능 상태를 정기적으로 평가하여 수급자 상태에 맞는 적절한 서비스를 제공하고 있는지 평가

▣ 평가기준

평가기준			평가방법
타당한 평가도구를 사용하여 수급자 상태를 파악함 - 필수사항: 수급자명, 평가일자, 작성자명 - 신규수급자는 급여개시일까지 실시하였는지 확인함			기 록
①	기관	낙상 위험도 평가를 연 1회 이상 실시함	
②	기관	욕창 위험도 평가를 연 1회 이상 실시함	
③	기관	인지기능검사를 연 1회 이상 실시함	

척도	점수	채점기준
우수	4	수급자 자료 표본 모두 평가기준을 충족함
양호	3	수급자 자료 표본의 75% 이상 평가기준을 충족함
보통	2	수급자 자료 표본의 50% 이상 평가기준을 충족함
미흡	0	'보통'의 기준을 충족하지 못함

▣ 정기평가 지표적용기간 : 23.1월 ~ 평가일

- 연 1회 주기는 회계연도를 기준으로 함

※ 스마일시니어 Tip

수급자 계약 (개인정보제공 및 활용 동의)	위험도 및 욕구사정 수립	급여제공 계획 수립 및 제출 (통보)	서비스 제공 일정등록 및 서비스 시작

· 신규 수급자의 경우 ①위험도 평가 및 욕구사정이 수립된 다음 ②급여제공계획이 통보되어야 합니다.

  예시) 계약일 : 23년 1월16일 / 위험도 및 욕구사정 : 23년 1월16일

  급여제공계획 작성일 및 통보일 : 23년 1월16일 ~17일 (서비스제공전)

  / 첫 서비스 제공일자 : 23년 1월17일

  ※ 계약일과 첫 서비스제공일이 동일할 수 도 있습니다. 계약은 오전9시, 첫 서비스제공은 오후2시에 제공 하는 경우. 서비스제공전 위험도,욕구사정, 급여제공계획, 요양보호사 구인,범죄경력조회를 모두 마치면 가능합니다.

  ※ 토요일,일요일,공휴일등에 계약 및 작성한 경우, 해당급여 직원의 출근부도 확인합니다.

· 위험도 평가는 단순체크리스트가 아닙니다. 합계와 결과를 꼭 표기합니다.

· 인지선별검사(CIST)는 빈 여백없이 각 문항별로 결과를 표기, 기록합니다.

· 욕구사정 기록지는 각 항목별로 판단근거를 기록하고, 해당없는 항목의 경우 '해당없음' 또는 '·' 등으로 누락이 아님을 표시합니다.

방문목욕13 위험도 평가

수급자의 낙상 및 욕창 위험도, 인지기능 상태를 정기적으로 평가합니다.
(2. 환경 및 안전 / 4. 안전관리 / 1. 안전상황)

점수 4

▣ 평가방향

수급자의 낙상 및 욕창 위험도, 인지기능 상태를 정기적으로 평가하여 수급자 상태에 맞는 적절한 서비스를 제공하고 있는지 평가

▣ 평가기준

평가기준			평가방법
타당한 평가도구를 사용하여 수급자 상태를 파악함 - 필수사항: 수급자명, 평가일자, 작성자명 - 신규수급자는 급여개시일까지 실시하였는지 확인함			기록
①	기관	낙상 위험도 평가를 연 1회 이상 실시함	
②	기관	욕창 위험도 평가를 연 1회 이상 실시함	
③	기관	인지기능검사를 연 1회 이상 실시함	

척도	점수	채점기준
우수	4	수급자 자료 표본 모두 평가기준을 충족함
양호	3	수급자 자료 표본의 75% 이상 평가기준을 충족함
보통	2	수급자 자료 표본의 50% 이상 평가기준을 충족함
미흡	0	'보통'의 기준을 충족하지 못함

▣ 정기평가 확인방법(23.1월 ~ 평가일)

기준①,②,③

- 낙상 및 욕창 위험도 평가, 인지기능 검사는 해당급여 직원이 실시하였는지 확인함. 다만 외부 전문기관에서 실시한 인지기능 검사는 해당급여직원 여부를 확인하지 않음

> ※ 스마일시니어 Tip
> · 해당급여 직원여부 확인을 위해 업무분장표등을 확인합니다.
>   사회복지사가 작성하는 경우라면, 업무분장을 사회복지사에게 합니다.

- 평가기준①,②,③은 검증된 도구(관련학회나 논문에서 발표된 도구)를 이용하여 객관적으로 수준을 파악할 수 있어야 함
    - 낙상위험측정도구(예시) : Huhn의 낙상위험도 평가도구
    - 욕창위험측정도구(예시) : Braden scale 평가도구
    - 인지기능검사도구(예시) : CIST(인지선별검사)

※ 인지선별검사는 중앙치매센터(www.nid.or.kr)에서 교육 이수 후 활용 (인터넷 교육 이수 가능)

기준③

- 수급자가 치매진단을 받고 약을 복용하는 경우 'Y(충족)'로 평가하며 약 복용 여부는 진단서, 소견서, 처방전 등 객관적인 자료로 확인함

   - 치매검사 구분: 1. 치매선별검사(K-MMSE 등)
                    2. 치매진단검사(신경인지검사, 전문의 진료 등)
                    3. 치매감별검사(혈액검사, 뇌 영상촬영 등)

양돈복지

3. 수공자 꿀리관정

14. 수공자 종종사내스
15. 공여세웅 안내
16. 한민상단관리
17. 공여세웅 예방관리
18. 재난년에 꿈리시스템
19. 시간존수
20. 수공자 양정리 도장

| 방문목욕14
수급자
존중서비스 | 수급자를 존중하여 급여를 제공합니다.
(3. 수급자 권리보장 / 1. 수급자권리 / 1. 수급자 존엄성) | 점수
2 |

▣ 평가방향

수급자를 존중하여 서비스를 제공하기 위해 노력하는지 평가

▣ 평가기준

	평가기준		평가방법
①	수급자	수급자는 급여를 이용하는 모든 과정에서 직원으로부터 존중받음	면 담
②	직 원	수급자의 존엄성을 배려하여 급여를 제공함	관 찰

척도	점수	채점기준
우수	2	평가기준을 모두 충족함
양호	1.5	평가기준 중 ②번 항목을 충족함
보통	1	평가기준 중 ①번 항목을 충족함
미흡	0	'보통'의 기준을 충족하지 못함

▣ 지표적용기간 : 20.1월 ~ 평가일

▣ 확인방법

기준①

- 수급자는 직원으로부터 학대 및 부당한 대우를 받지 않고 존중받으며 급여를 제공받았는지 수급자(보호자)와 면담으로 확인함

※ 스마일시니어 Tip

· 서비스가 제공되는 현장(수급자 거주지)에서 평가항목을 확인합니다.
  현장평가는 **서비스제공시간**에 방문하여 확인합니다.

· 수급자가 원하는 서비스를 알맞게 제공하는지,
  요양보호사가 서비스 전 제공할 서비스에 관하여 설명을 하는지,
  수치심을 느낀적은 없는지, 무시 당한다고 느낀적은 없는지,
  요양보호사가 무례하게 행동하지는 않는지
  평가자는 현장에서 수급자에게 다양한 질문을 합니다.

· 예시) 어느 여름날, 수급자께서는 날이 더워 오이냉국을 드시고 싶다 하셨습니다.
  요양보호사는 오이알러지가 있어 오이냉국말고 계란국으로 밥상을 차리고 같이
  수급자와 함께 식사를 했습니다.
  → 수급자의 욕구를 무시하고 요양보호사 자신의 욕구를 반영한 사례
     " 저 여자가..! 내아들이 나 먹으라고 사다준 계란인데.. 내가 같이 밥먹자고
       하지도 않았는데...나는 오이냉국을 먹고 싶었단 말이지!"

방문목욕14 수급자 존중서비스	수급자를 존중하여 급여를 제공합니다. (3. 수급자 권리보장 / 1. 수급자권리 / 1. 수급자 존엄성)	점수 2

▣ 평가방향

수급자를 존중하여 서비스를 제공하기 위해 노력하는지 평가

▣ 평가기준

		평가기준	평가방법
①	수급자	수급자는 급여를 이용하는 모든 과정에서 직원으로부터 존중받음	면 담
②	직 원	수급자의 존엄성을 배려하여 급여를 제공함	관 찰

척도	점수	채점기준
우수	2	평가기준을 모두 충족함
양호	1.5	평가기준 중 ②번 항목을 충족함
보통	1	평가기준 중 ①번 항목을 충족함
미흡	0	'보통'의 기준을 충족하지 못함

기준②

- 급여를 제공하는 직원이 수급자의 존엄성을 배려하여 급여를 제공하는지 관찰함
  - 급여제공 시 존칭사용 및 배설, 체위변경, 이동도움 등 급여제공 과정에서 수급자 존중 여부를 관찰함
  - 서비스 제공 전 수급자에게 서비스 내용에 대해 설명을 하는지 관찰함

※ 스마일시니어 Tip

· 수급자는 장기요양등급자로 혼자서는 일상생활이 어려운 만큼 요양보호사로부터 전문적이고 질 높은 서비스를 제공받을 권리가 있습니다. 수급자는 자신에게 필요하고 자신이 원하는 다양한 서비스를 이용하고, 자유롭게 사회적 관계를 형성하며 다양한 활동에 참여할 수 있어야 합니다. 따라서 요양보호사는 수급자 개인의 신념에 맞는 종교, 문화등의 서비스를 제공하여야 합니다. 또한 방문목욕서비스 중 가사지원과 일상생활지원 등과 같은 1차 서비스에 국한하지 말고 수급자의 여가활동을 지원할 수 있는 다양한 문화, 여가, 종교적인 내용의 서비스를 제공하도록 노력해야 합니다.

· 요양보호사가 준수해야 할 3가지 기본원칙을 현장에서 잘 적용하도록 교육합니다.

- **수급자 중심의 급여제공**
  - 수급자 또는 보호자와 상담을 실시하고, 제공할 급여내용을 상세히 설명한다
  - 수급자의 욕구를 종합적으로 파악하고, 개별적인 욕구를 반영하여 급여를 제공한다.
  - 수급자의 상태 및 환경을 고려하여 안전사고가 일어나거나 사생활 침해가 발생하지 않도록 한다.
  - 급여제공기록지를 작성하고 수급자 또는 보호자에게 설명한 후 확인을 받는다.

- **급여제공계획과 기준에 근거한 급여제공**
  - 기관의 운영규정, 근로계약의 내용과 최신 급여제공기준을 충분히 숙지한다.
  - 급여제공계획에 따른 급여내용과 제공시간을 준수하여 필요한 급여를 제공한다.

방문목욕14 수급자 존중서비스

수급자를 존중하여 급여를 제공합니다.
(3. 수급자 권리보장 / 1. 수급자권리 / 1. 수급자 존엄성)

점수 2

◨ **평가방향**

수급자를 존중하여 서비스를 제공하기 위해 노력하는지 평가

◨ **평가기준**

		평가기준	평가방법
①	수급자	수급자는 급여를 이용하는 모든 과정에서 직원으로부터 존중받음	면담
②	직원	수급자의 존엄성을 배려하여 급여를 제공함	관찰

척도	점수	채점기준
우수	2	평가기준을 모두 충족함
양호	1.5	평가기준 중 ②번 항목을 충족함
보통	1	평가기준 중 ①번 항목을 충족함
미흡	0	'보통'의 기준을 충족하지 못함

- 구체적인 급여제공내용과 방법은 표준교재 또는 급여제공 매뉴얼의 관련 사항을 참고·활용한다.
- 수급자별로 급여제공내용과 상태 변화를 충실하게 기록하고 관리한다.
- 수급자에게 응급상황 또는 조치가 필요한 상황이 발생하면 임의로 판단하지 않고 즉시 관리자에게 보고한다.
- 수급자나 가족이 부당한 요구를 할 경우, 즉시 거절하고 관련 대응지침을 따른다.

- **권리와 책임에 따른 급여제공**
- 급여를 제공할 때는 항상 단정하고 위생적인 복장을 착용하도록 한다.
- 자신과 수급자의 건강 유지 및 개선, 사고예방을 위하여 올바른 케어기술을 습득하고 관련 지식을 배양한다.
- 매년 건강검진을 받고, 평소 계획적인 휴식과 운동, 건강관리를 통해 근골격계질환이나 감염을 예방하기 위해 노력한다.
- 수급자에 대한 학대나 기관의 부당행위를 발견하였을 경우는 지체 없이 관련 절차에 따라 신고한다.
- 제공인력이 변경되더라도 급여의 양과 수준이 적합하도록 성실히 인수인계 한다.

· **노인인권 침해 사례**

기저귀 교체 시 수치심과 죄책감을 호소하는 노인

'움직임이 부자연스럽고 뇌졸중으로 하반신 마비 증세가 있어 기저귀를 착용하는 어르신. 요양보호사가 기저귀를 교체할 때마다 고개를 돌리고 부끄러워하고 연신 미안하다고 말한다.'

적절한 배변 서비스를 받을 권익 보호를 위하여, 기저귀 착용 노인이 배변과 배뇨를 했을 때는 최대한 신속하고 안전하게 기저귀를 교체해 주어야 합니다.
이때 노인은 자아존중감에 상처를 입지 않으면서도 위생적이고 안전한 배변 서비스를 받을 권리가 있습니다. 침상에서 실금을 한 때에도 신속한 뒤처리가 필요하며 노인이 자신의 실수에 대해서 수치심이나 죄책감을 느끼지 않도록 배려해야 합니다.
또한, 편안한 마음으로 기저귀 교체 서비스를 받을 수 있도록 수건으로 덮어주는 등의 조치를 취해 노인의 수치심을 줄이도록 해야 합니다.

원격교육연수 평가지 작성 및 최종평가

원격연수 15
공어지공운영

점수	공어지공운영
3	공어계약서 기장으로부터 공원 공어지공 사용에 대해 공원을 쓰고 (3. 수강자 공시기장 / 1. 수강자지장치 / 2. 수강자의 동일 등 기타)

평가기준영

수공자(목호자)가 기장으로부터 공어지공내용 및 변화, 지원대우 등에 대해 동일한 공원 그리고 계약서 공원을 대용 원공하는지 원가

평가기준

참고	평가기준
① 수강자	공어계약 시 공어지공내용에 대해 동일한 공원
② 수강(참관)	공어계약서 작성
③ 수강자	공어지공내용 및 공어지공여부에 대해여 인내를 원공
④ 수강자	지원이 인공보공에 대해 인내를 원공

비정기준

종류	비정기준
수수	평가기준 모두 모두 동일함	3
공후	평가기준 중 3개 동일음 동일함	2.25
보통	평가기준 중 2개 동일음 동일함	1.5
미동	공동이 기장동 중 동일지 동일함	0

□ **지원적용기간 : 20. 1월 ~ 평가시점**

□ **확인서명**

기준 ①

• 공어계약 시 공어지공내용(사업기간의 동일한 대용, 사비스 제공계획, 비용 등)에 대한 정공한 설명 및 공공공공 수강자(목호자)의 동의확인

※ **아침지니어 Tip**

표준약공 별표 1, 계약대용 확인서, 공어지공계획서 등의 문서를 활용하여 공어지공내용을 공원하고, 원공공원공을 공원받을 수 있습니다. 수강자에게 제공하는 문서 중 해당 모기사업이 수공되지 않거나, 사용이나 서비스 동일 기공원 대용을 보기 원인 공공합니다.

[표지 이미지들]
- 원공공공공 평가지, 수강지 제공대서
- 계약대용 확인서
- 사업기공

공공공공기정 지공동공 수공재지 작공인이 공동공공, 공공공 공원공 개 공공 지공기공

방문목욕15 급여제공안내

수급자는 기관으로부터 급여제공 관련 사항에 대해 설명을 듣고 급여계약서 부본을 제공받습니다.
(3. 수급자 권리보장 / 1. 수급자권리 / 2. 수급자의 알 권리)

점수 3

▣ 평가방향

수급자(보호자)가 기관으로부터 급여제공내용 및 범위, 직원대우 등에 대한 설명을 듣고 계약서 부본을 제공받았는지 평가

▣ 평가기준

		평가기준	평가방법
①	수급자	급여계약 시 급여제공내용에 대해 설명을 들음	면 담
②	수급자	급여계약서 부본을 받음	면 담(현장)
③	수급자	급여제공범위 및 급여외행위에 대하여 안내를 받음	면 담
④	수급자	직원의 인권보호에 대해 안내를 받음	면 담

척도	점수	채점기준
우수	3	평가기준을 모두 충족함
양호	2.25	평가기준 중 3개 항목을 충족함
보통	1.5	평가기준 중 2개 항목을 충족함
미흡	0	'보통'의 기준을 충족하지 못함

기준②

- 급여계약을 체결 또는 변경하는 경우 장기요양기관이 계약서를 작성하여 발급하였는지 수급자(보호자)와 면담으로 확인함. 다만, 현장에서 계약서 요건을 갖춘 유효한 계약서 부본 확인된 경우에는 Y(충족)으로 평가함
  - 계약서 확인사항: 급여종류, 계약기간, 비용, 계약당사자, 서명

※ 스마일시니어 Tip

· 연도전환시 수가변경등으로 계약서를 재작성하여야 하는 경우,
  스마일시니어는 계약서 요건을 갖춘 **급여변경계약서**를 작성하여 1부는 기관 보관, 1부는 수급자에게 교부합니다.

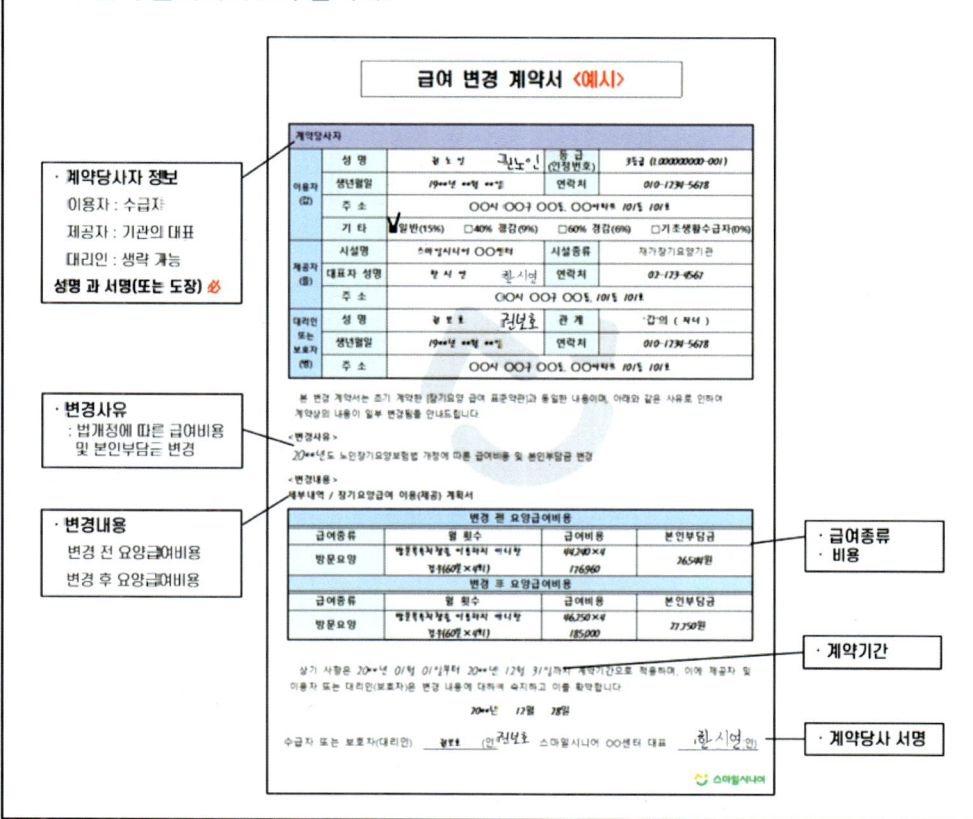

방문목욕15 급여제공안내	수급자는 기관으로부터 급여제공 관련 사항에 대해 설명을 듣고 급여계약서 부본을 제공받습니다. (3. 수급자 권리보장 / 1. 수급자권리 / 2. 수급자의 알 권리)	점수 3

◪ 평가방향

> 수급자(보호자)가 기관으로부터 급여제공내용 및 범위, 직원대우 등에 대한 설명을 듣고 계약서 부본을 제공받았는지 평가

◪ 평가기준

		평가기준	평가방법
①	수급자	급여계약 시 급여제공내용에 대해 설명을 들음	면 담
②	수급자	급여계약서 부본을 받음	면 담(현장)
③	수급자	급여제공범위 및 급여외행위에 대하여 안내를 받음	면 담
④	수급자	직원의 인권보호에 대해 안내를 받음	면 담

척도	점수	채점기준
우수	3	평가기준을 모두 충족함
양호	2.25	평가기준 중 3개 항목을 충족함
보통	1.5	평가기준 중 2개 항목을 충족함
미흡	0	'보통'의 기준을 충족하지 못함

◪ 관련근거

➤ 노인장기요양보험법 제28조의2(급여외행위의 제공 금지)
➤ 노인장기요양보험법 시행규칙 제16조(장기요양급여 계약 등)
   장기요양급여 제공기준 및 급여비용 산정방법 등에 관한 고시 제3조(직접급여 제공 등)

기준③,④

- 급여제공범위, 제공이 불가한 급여외행위(수급자 외 가족만을 위한 서비스 제공 등) 및 직원의 인권보호(직원호칭, 성폭력 예방 등)에 대하여 기관의 시설장(관리자)으로부터 안내를 받았는지 수급자(보호자)와 면담함

※ 관리자 : 수급자나 급여제공직원을 관리하는 중간관리자 포함

- 수급자(보호자)와 직접 대면하지 않고 유선, 우편물로 안내하는 것은 불인정함

※ 스마일시니어 Tip

· 스마일시니어는 수급자 계약시 수급자계약통합본 내 재가전문 요양보호사 안내, 수급자 이용규칙, 요양보호사의 급여제공범위 등의 문서 를 활용하여 수급자에게 **급여제공범위** 와 불가한 범위를 안내하고 교육합니다.

방문목욕16 방문상담관리

정기적으로 방문상담을 실시하고 수급자의 상태를 관리합니다.
(3. 수급자 권리보장 / 2. 기관책임 / 1. 상담관리)

점수 4

▣ 평가방향

기관은 정기적인 방문상담을 실시하고 수급자의 상태변화 및 욕구 등을 파악하여 이를 급여에 반영하는지 평가

▣ 평가기준

		평가기준	평가방법
①	기관	모든 수급자(보호자)와 매월 방문상담을 실시함 - 필수사항 : 상담일자, 시간, 수급자명, 상담직원, 상담대상자, 상담내용	기록
②	기관	모든 수급자(보호자)에게 연 1회 이상 상담결과를 반영하여 급여를 제공함	기록

척도	점수	
우수	4	평가기준을 모두 충족함
양호	3	평가기준 중 ①번 항목을 충족함
보통	2	평가기준 중 ②번 항목을 충족함
미흡	0	'보통'의 기준을 충족하지 못함

▣ 지표적용기간 : 20.1월 ~ 평가일

▣ 확인방법

기준①

- '상담직원'은 대표자 또는 업무분장 등에 관리자(수급자나 급여제공직원을 관리하는 중간관리자 포함)로 구분된 해당급여 직원임
- '상담내용'은 수급자의 상태, 욕구, 건의사항 등을 확인함
- 장기요양급여 제공기준 및 급여비용 산정방법 등에 관한 고시 제57조에 의해 사회복지사 등을 추가 배치하여 가산 받는 기관의 경우 별지 제24호 서식(프로그램 관리자 및 사회복지사 업무수행 일지)을 확인하여 평가함

※ 스마일시니어 Tip

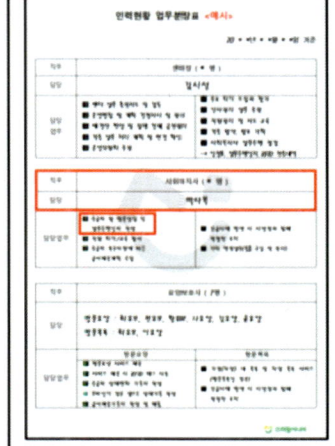
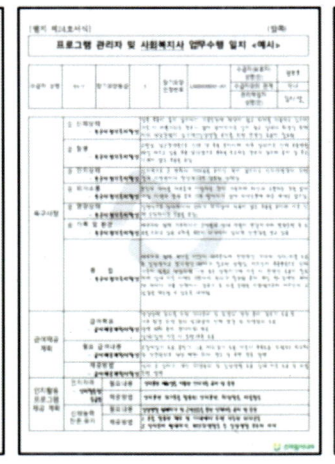
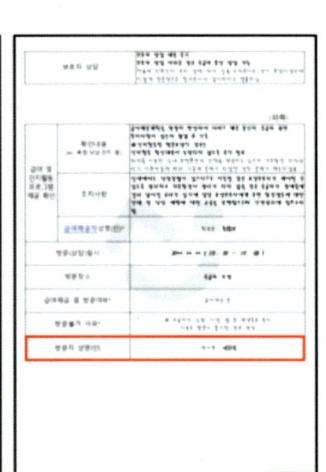

항목설명 16 공익활동내용

항목설명 16 공익활동내용	장기저축성공제	점수
장기적으로 반환금상당액을 적립하고 수급자의 상태대상자 등에게 배분하여 이 등을 공익에 사용하는지 평가	(3. 수급자 장기공제 / 2. 기간적정 / 1. 수급보장)	4

□ 평가방향

기관의 장기저축성공제를 적립하고 수급자의 상태대상자 등에게 배분하여 이를 공익에 사용하는지 평가

□ 평가기준

항목명	평가기준	
① 기준	모든 수급자(후속자)에 대해 배분일에 상환받으며 상환내용 기재 - 필수사항: 상환일자, 시기, 수수자명, 상환금액, 상환대상자, 상환내용	기관
② 기준	모든 수급자(후속자)에 대해 1개 이상 상환내용과 공익을 배분함	기관

비점기준		
구분	점수	배점기준
수수	4	평가기준 모두 충족함
상후	3	평가기준 중 ① 평가기준 충족함
보통	2	평가기준 중 ② 평가기준 충족함
미흡	0	평가기준 중 어느것도 충족하지 않음

기준②

- 상환결과 타당 여부는 공익제정계세서 또는 상환배분기록지, 공익제정기록 지 등 공익제정내용이 명시되어 있는지와 상환일로부터 30일 이내에 기입되었는지 확인함

단, 30일 이내 기간 적용은 23년 1월 1일부터 적용.

※ 마일리지 Tip

• 예: 9월 17일 수급자와 상환시,
- 수급자 상환 내용을 이용하여 공익용 목적으로 상환하고 수급자 상환내용을 확인함
→ 수급자 별 사용내용 대용 등 9월 수급자 상환수 공익지원내용에 자세히 기입
- 사용인 반응목자 이용여부도 확인 가능한 업무에 있음, 이용욕목적 대상여부 인식 / 사용수 인식
(사용인 기능의 목회/의견/참여 형감/목표기능 등 정성적으로 수가 상향 점산)

→ 10월 16일까지 공익제정계세서 또는 상환배분기록지, 공익제정기록 지 등에 기입
- 이용수로 매입·상환공제로 이용하거나 이용공제를 활용하여 진핵등을 수행 기입

10월 16일 수급자 상환지원 지출지원에 기입
- 이용수로 사용하여 상환대상자 및 공익지원기재사, 공익제정기록 지 등의 이사항에 기입

※ 30일 이내 배분하여 활용 1차 상환(9월 17일) 이후,
30일 이내(10월 16일) 적용하여 확인하고 기입됩니다.

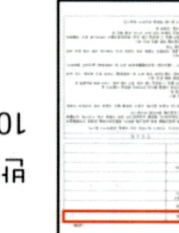
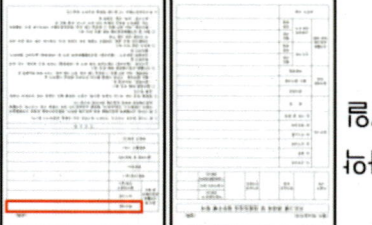

9월 17일
수급자와
상환시

10월 16일
공익배분
공익제공시

방문목욕17 급여제공 역량관리

수급자에게 보다 나은 서비스를 제공하도록 직원의 역량관리를 위해 노력합니다.

(3. 수급자 권리보장 / 2. 기관책임 / 2. 관리자의무)

점수 4

▣ 평가방향

기관은 직원이 수시로 읽고 현장에 적용할 수 있도록 급여제공지침을 비치하고 직원 역량관리를 위해 노력하고 있는지 평가

▣ 평가기준

		평가기준	평가방법
①	기관	급여제공지침 10개 항목을 마련하여 직원이 열람 가능한 장소에 비치하고 내용이 충실함	현장 기록
②	직원	신규직원은 급여개시 전까지 교육을 받고 내용을 숙지함 - 신규교육 내용 : 노인인권보호지침, 응급상황 대처법, 비상연락망	면담
③	직원	모든 직원이 년 1회 이상 운영규정과 급여제공지침에 대해 교육을 받고 그 내용을 숙지함	

척도	점수	채점기준
우수	4	평가기준을 모두 충족함
양호	3	평가기준 중 ①번의 8개 항목(노인인권보호지침 필수) 이상을 충족하고 ②,③번 항목을 충족함
보통	2	평가기준 중 ①번의 8개 항목(노인인권보호지침 필수) 이상을 충족하고 ② 또는 ③번 항목을 충족함
미흡	0	'보통'의 기준을 충족하지 못함

▣ 지표적용기간 : 20.1월 ~ 평가일

※ 평가기준 ②번의 신규직원의 급여개시 전 노인인권보호지침 교육 실시여부는 **23년 1월**부터 확인함

▣ 확인방법

기준①
- 급여제공지침 10개 항목을 마련하여 기관 내부에 비치하고 있는지 확인함

> ※ **스마일시니어 Tip**
> - 누구든 언제나 쉽게 열람할 수 있는 장소에 비치합니다.
>
> **급여제공지침 10개 항목**
> ① 종사자 윤리지침 : 수급자에 대한 윤리, 전문적으로의 윤리
>   ※ 특정 직종에 국한되는 경우 인정하지 않음
> ② 성폭력 예방 및 대응지침 : 성폭력 유형 예방 대응방법
>   ※ 직원·수급자 사이에 발생할 수 있는 상황에 대한 지침이 있어야 하며 '직장 내 성희롱 예방지침' 만 있으면 인정하지 않음
> ③ 응급상황 대응지침 : 응급상황 종류, 응급상황발생시 대응방법
> ④ 감염예방 및 관리지침 : 감염종류, 감염예방 및 관리
> ⑤ 치매예방 및 관리지침 : 치매종류, 치매증상, 치매예방, 관리 및 치료
> ⑥ 욕창예방 및 관리지침 : 욕창발생요인, 욕창예방방법, 관리 및 치료
> ⑦ 낙상예방 및 관리지침 : 낙상요인, 낙상예방방법, 낙상발생시 응급조치
> ⑧ 노인인권보호지침 : 노인권리보호, 노인 학대 유형, 노인 학대 예방 및 대응방법
> ⑨ 근골격계 질환 예방 지침
> ⑩ 개인정보보호지침 : 수집 및 이용목적, 수집 항목, 보유 및 이용기간

방문목욕17 급여제공 역량관리	수급자에게 보다 나은 서비스를 제공하도록 직원의 역량관리를 위해 노력합니다. (3. 수급자 권리보장 / 2. 기관책임 / 2. 관리자의무)	점수 4

▣ 평가방향

기관은 직원이 수시로 읽고 현장에 적용할 수 있도록 급여제공지침을 비치하고 직원
역량관리를 위해 노력하고 있는지 평가

▣ 평가기준

		평가기준	평가방법
①	기관	급여제공지침 10개 항목을 마련하여 직원이 열람 가능한 장소에 비치하고 내용이 충실함	현장 기록
②	직원	신규직원은 급여개시 전까지 교육을 받고 내용을 숙지함 - 신규교육 내용 : 노인인권보호지침, 응급상황 대처법, 비상연락망	면담
③	직원	모든 직원이 연 1회 이상 운영규정과 급여제공지침에 대해 교육을 받고 그 내용을 숙지함	

척도	점수	채점기준
우수	4	평가기준을 모두 충족함
양호	3	평가기준 중 ①번의 8개 항목(노인인권보호지침 필수) 이상을 충족 하고 ②,③번 항목을 충족함
보통	2	평가기준 중 ①번의 8개 항목(노인인권보호지침 필수) 이상을 충족 하고 ② 또는 ③번 항목을 충족함
미흡	0	'보통'의 기준을 충족하지 못함

기준②

- 교육받은 시기와 교육내용에 대해 직원과 면담함
  - 지표적용기간 동안 직종을 변경한 경우에도 신규교육을 하였는지 확인함

※ 스마일시니어 Tip

· 스마일시니어는 신규종사자 입사시 교육을 진행하고 교육여부를 기록하여 관리
  합니다.

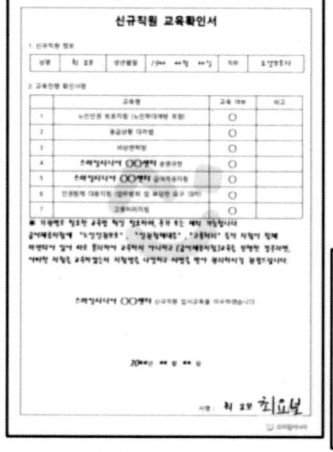

신규교육 내용에는
응급상황 대처법, 비상연락망,노인인권보호지침등 포함.
그 중 노인인권보호지침 교육 실시여부는 23년1월부터 적용.
교육받은 시기와 교육내용에 대해 **직원과 면담으로 확인**.
20년1월부터 평가일까지, 지표적용기간 동안
직종을 변경한 경우에도 신규교육을 하였는지 함께 확인.
신규직원 교육 누락되지 않도록 주의 필요.

기준③

- 운영규정 및 급여제공지침 9개 항목의 교육 시기와 교육내용에 대해 직원과
  면담함
  - 노인인권보호지침 관련 내용은 평가지표 30번(노인인권보호)에서 확인함

※ 스마일시니어 Tip

· 스마일시니어는 **연간교육** 진행시 운영규정과 급여제공지침 교육을 진행하며,
  교육일자 이후 입사한 신규직원의 경우,
  신규직원 교육시 운영규정과 급여제공지침교육을 진행하여 **모든직원 연1회** 여부에
  누락되는 직원이 없도록 관리합니다.

방문목욕18 재가급여 관리시스템	재가급여전자관리서비스(RFID)을 활용합니다. (3. 수급자 권리보장 / 2. 기관책임 / 3. 윤리적 운영)	점수 3

평가방향

기관이 재가급여전자관리시스템을 활용하여 업무 효율성을 높일 수 있도록 노력하고 있는지 평가

평가기준

		평가기준	평가방법
①	기관	요양요원 재가급여전자관리시스템(RFID) 참여율 $\dfrac{\text{분모 중 RFID로 전송한 요양요원 수}}{\text{지표적용기간 동안 수급자와 급여계약 된 요양요원 수}} \times 100$	전산
②	직원	재가급여전자관리시스템(RFID) 청구활용률 $\dfrac{\text{분모 중 RFID로 청구건 수}}{\text{지표적용기간 동안 총 청구건 수}} \times 100$	

척도	점수	채점기준
우수	3	평가기준 ①번은 95% 이상이고, ②번은 90% 이상임
양호	2.25	평가기준 ①번은 90% 이상이고, ②번은 85% 이상임
보통	1.5	평가기준 ①번은 85% 이상이고, ②번은 80% 이상임
미흡	0	'보통'의 기준을 충족하지 못함

▣ 지표적용기간 : 22.01월~22.12월

▣ 확인방법

기준①,②
- 참여율과 청구활용률은 소수점 첫째자리에서 반올림함

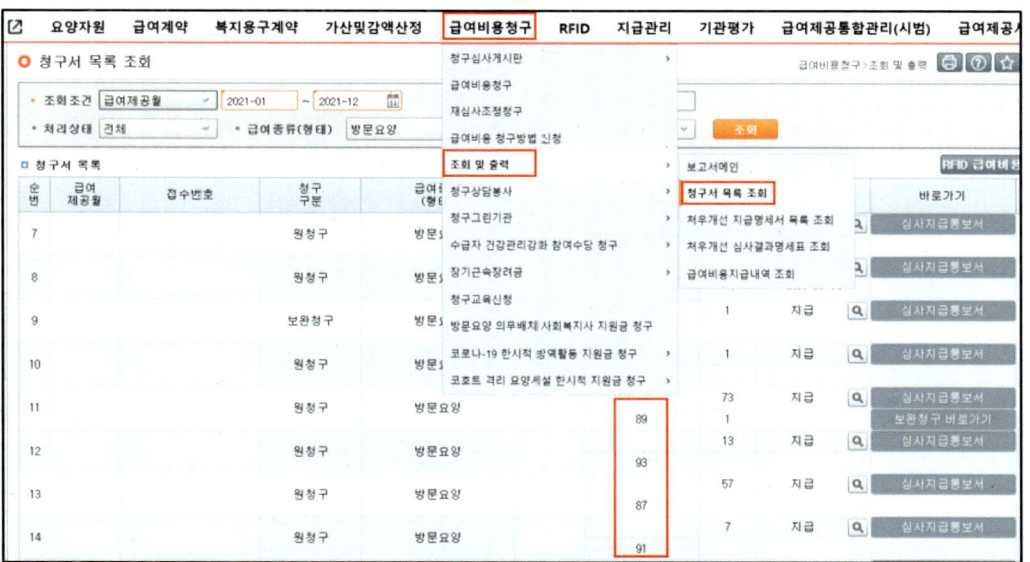

급여비용청구 > 조회 및 출력 > 청구서 목록 조회 → 청구일자(자동청구율) 확인 가능

방문목욕 19

시설장과 요양보호사가 차량을 이용하여 수급자의 가정을 방문하여 목욕을 제공하는 급여
(3. 수급자 가정차량 / 2. 기관차량 / 3. 공원지 등)

산정횟수: 3점

▣ 산정기준

요양보호사 2인 이상이 수급자 가정에 방문하여 차량에 장착된 욕조를 사용하지 않고 목욕을 제공하는 경우

▣ 방문기준

방문기준	방문내용
① 수급자	욕제보호사인 요양보호사 시간을 소급하여
② 수급자	시간을 방문하는 경우 사전에 안내함
③ 수급자	시간을 방문하고 되기가 정상함

세부기준

세부기준	점수
요수	방문가간 통보 후 수급함	3
오후	방문가간 중 2개 항목을 충족함	2.25
오후	방문가간 중 1개 항목을 충족함	1.5
미흡	'방문가기 기준을 충족하지 못함'	0

▣ 지표적용기간 : 20. 1월 ~ 월 기월

▣ 확인방법

기준①
• 요양보호사인이 시간을 방문하는 경우 사전에 안내함 시간(방문자)와 동일함

기준②
• 요양보호사인이 시간을 방문하는 경우 사전에 방문하고 하는 기능 등을 방문시간이 등과 수정(방문자)와 동일함

기준③
• 수급자(방문자)가 요양보호자에게 시간(방문자)이 동일 방문사간이 되기가 정상 동일함

※ 안내 시나리오 Tip

•시나리오가 요구장기 사업가에서 제공한 "요양보호사 방문 가이드를 활용하여 요양보호사 고객을 맞이 합니다.

| 방문목욕20 수급자 알권리 보장 | 수급자에게 급여이용에 대한 정보를 제공하여 급여선택권 보장을 위해 노력합니다. (3. 수급자 권리보장 / 2. 기관책임 / 4. 정보제공) | 점수 3 |

평가방향

수급자(보호자)에게 급여이용에 대한 정보를 제공하여 급여이용 및 선택을 결정할 수 있도록 지원하는지 평가

평가기준

		평가기준	평가방법
①	기관	급여이용에 필요한 정보를 기관 내부에 게시함 - 운영규정의 개요, 직원 근무체계(인력현황표), 제공하는 장기요양 급여의 종류, 노인학대 신고기관, 전문인배상책임보험 증서 사본, 최종 장기요양기관 평가결과	현장
②	기관	노인장기요양보험 홈페이지에 장기요양기관의 정보를 게시함 • 시 군구 신고 항목 : 주소, 전화번호, 인력현황, 시설현황, 급여종류 • 노인장기요양보험 홈페이지 등록 항목 : 장기요양급여 이용계약에 관한 사항, 사진, 홈페이지 주소, 교통편 주차시설, 보험가입 여부	전산
③	기관	기관의 정보가 변경된 경우 지체 없이 수정함	

척도	점수	채점기준
우수	3	평가기준을 모두 충족함
양호	2.25	평가기준 중 2개 항목을 충족함
보통	1.5	평가기준 중 1개 항목을 충족함
미흡	0	'보통'의 기준을 충족하지 못함

지표적용기간 : 평가일

확인방법

기준①

- 수급자(보호자), 직원이 볼 수 있도록 급여이용에 필요한 정보를 기관 내 공개된 장소에 게시하는지 확인함
- 전문인배상책임보험 증권사본 게시여부를 확인하고, 해당 증권사본의 가입기간이 유효한지 확인함
- 최종 장기요양기관 평가결과를 게시하고 있는지 확인함

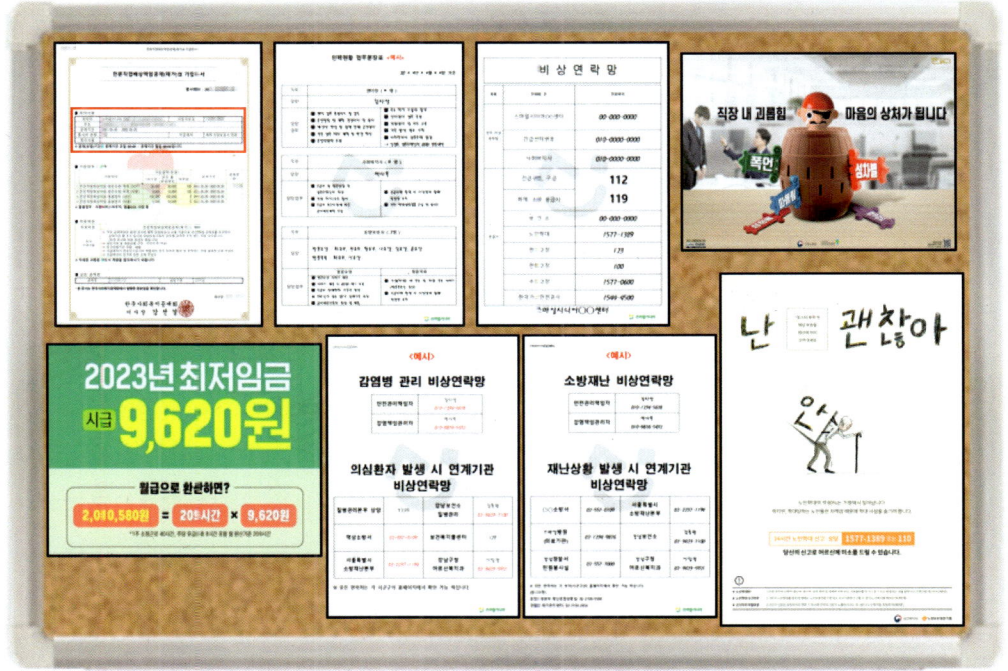

방문목욕20 수급자 알권리 보장	수급자에게 급여이용에 대한 정보를 제공하여 급여선택권 보장을 위해 노력합니다. (3. 수급자 권리보장 / 2. 기관책임 / 4. 정보제공)	점수 3

▣ 평가방향

수급자(보호자)에게 급여이용에 대한 정보를 제공하여 급여이용 및 선택을 결정할 수 있도록 지원하는지 평가

▣ 평가기준

		평가기준	평가방법
①	기관	급여이용에 필요한 정보를 기관 내부에 게시함 -운영규정의 개요, 직원 근무체계(인력현황표), 제공하는 장기요양 급여의 종류, 노인학대 신고기관, 전문인배상책임보험 증서 사본, 최종 장기요양기관 평가결과	현 장
②	기관	노인장기요양보험 홈페이지에 장기요양기관의 정보를 게시함 • 시 군구 신고 항목 : 주소, 전화번호, 인력현황, 시설현황, 급여종류 • 노인장기요양보험 홈페이지 등록 항목 : 장기요양급여 이용계약에 관한 사항, 사진, 홈페이지 주소, 교통편 주차시설, 보험가입 여부	전 산
③	기관	기관의 정보가 변경된 경우 지체 없이 수정함	

척도	점수	채점기준
우수	3	평가기준을 모두 충족함
양호	2.25	평가기준 중 2개 항목을 충족함
보통	1.5	평가기준 중 1개 항목을 충족함
미흡	0	'보통'의 기준을 충족하지 못함

기준②

- '장기요양급여 이용계약에 관한 사항'이란 계약기간, 계약목적, 월 이용료 및 그 밖의 비용 부담액, 신원인수인의 권리 및 의무, 계약의 해제를 필수적으로 명시하여야 함
- 노인장기요양보험 홈페이지가 아닌 장기요양기관의 자체 홈페이지에 게시한 경우 인정하지 않음
- 보험가입여부 : 전문인배상책임보험

기준③

- 시군구를 통한 게시항목 중 변경내용이 수정되지 않았을 경우 시군구에 신고한 자료가 있는지 확인함

※ 스마일시니어 Tip

· 장기요양정보시스템 > 장기요양기관 관리 > 장기요양기관정보 등록 – 게시율100%

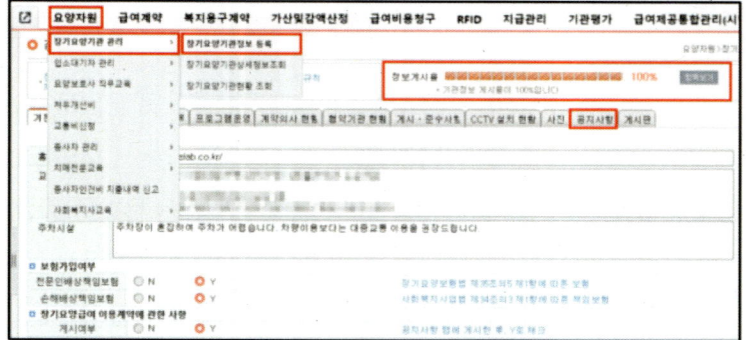

※ 정보게시사항 중 시군구를 통해 변경해야 하는 항목
→ 주소, 전화번호, 팩스번호, 이메일주소,인력(변경)현황, 시설(변경)현황
장기요양기관 변경신고서(노인장기요양보험법 시행규칙 별지 23호)에 의거 해당 시군구에 변경 신고하시면 그 내용이 자동 반영됩니다.

방문목욕

4. 급여제공 과정

21. 계약체결 및 통보
22. 욕구사정
23. 급여제공계획
24. 급여제공 적절성
25. 욕구반영
26. 직원변경
27. 목욕전·후 상태관찰
28. 적정목욕 급여제공
29. 수급자 안전관리
30. 사례관리

평가항목 21

평가내용		
개인정보영향평가서를 반영하여 개인정보를 처리하고 있고 개인정보를 사용하여 개인정보처리시스템을 구축 운영하고 있는가? (4. 개인정보영향 / 1. 개인정보파기 / 1. 개인정보 및 활용)	점수	3

▣ 평가기준

자산한 금액이 개인정보영향평가서를 반영하여 개인정보처리시스템을 운영하고 있고 가이드라인에 따라 활용하고 있는지를 평가한다.

▣ 평가기준

평가기준		
평가항목		평가기준명
①	가점,감점	개인정보처리 시 개인정보영향평가서를 반영하였음
②	가점	개인정보처리시스템을 구축할 때 준비사항 반영

구분	점수	세부기준
수급	3	평가기준 모두 충족함
추후	2.25	평가기준 중 1개 항목 이상 충족함
미흡	0	평가기준 충족하지 못함

▣ 관련근거

▶ 개인정보보호법 제6조(정기기관의 개인정보 등)
▶ 개인정보보호법 시행규칙 제16조(정기기관의 개인정보 등)
▶ 공공기관의 개인정보 보호에 관한 법률 시행규칙 제3조

① 공공기관은 개인정보처리자의 종류 및 내용에 따라 개인정보영향평가서 (정보정보처리) 등 개인정보처리시스템 구축, 개인정보처리의 목적, 정보주체의 범위 등, 개인정보의 보유 등, 개인정보처리의 기관 등을 준비사항에 대하여 개인정보처리자의 기본계획(이하 "기본계획"이라 한다) 제5조에 의거하여 이행하여야 한다. 그 바에 기본계획 외의 추가적인 사항(이하 "추가계획"이라 한다)을 정하여 이행하는 것은 제한하지 아니한다.

▣ 지원적용기간 : 20.1월 ~ 평가월

▣ 확인사항

기준①

- 현재연도 제공 시 개인정보영향평가서를 반영하여 활용하고 있는지 확인하며, 만약 반영하지 않은 경우 추후 반영할 계획이 있는지 확인
- 현재연도 사용자, 변경사유자, 평가대상계 등 평가대상자 등에 기재되어 있어야 함

※ **스마일시스템 Tip**

- 정기업무관리시스템 > 금여계산 > 금여계산관리 > 급여정리계산서 > 등록

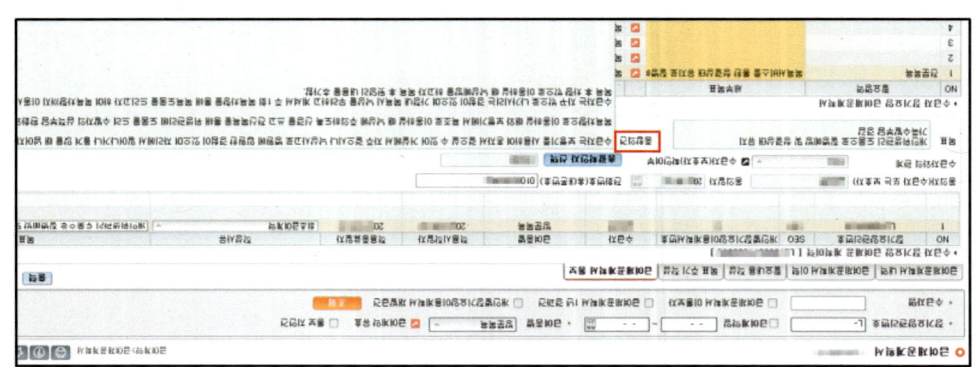

- 스마일시스템 중 금여계산원이 평가하는 개인영향정기업무이용정보계산서 내용을 확인 시에는 금여계산관리의 정기업무이용정보계산서 기본화면 등 확인합니다.

방문목욕21 계약체결 및 통보

개인별장기요양이용계획서를 반영하여 급여계약을 체결하고 급여 계약통보서를 적기 통보합니다.
(4. 급여제공과정 / 1. 급여개시 / 1. 급여체결 및 통보)

점수 3

▣ 평가방향

적정한 급여가 제공되도록 기관은 개인별장기요양이용계획서를 반영하여 급여계약 통보서를 작성하고 적기 통보하는지 평가

▣ 평가기준

		평가기준	평가방법
①	기 관	급여계약 체결할 때 개인별장기요양이용계획서를 반영함	기록, 전산
②	기 관	급여계약통보서를 전월 말일까지 통보함	전산

척도	점수	채점기준
우수	3	평가기준을 모두 충족함
양호	2.25	평가기준 중 1개 항목을 충족함
미흡	0	'양호'의 기준을 충족하지 못함

▣ 관련근거

➤ 노인장기요양보험법 시행규칙 제16조(장기요양급여 계약 등)
➤ 장기요양급여 제공기준 및 급여비용 산정방법 등에 관한 고시 제3조(적정급여제공 등)
① 장기요양급여는 장기요양인정서의 장기요양급여의 종류 및 내용에 따른 **개인별장기요양이용계획서**(장기요양 욕구, 장기요양 목표, 장기요양 필요영역, 장기요양 필요내용, 수급자 희망급여, 유의사항, 장기요양 이용계획 및 비용 등)에 따라 필요한 범위 안에서 적정하게 제공하여야 한다.
② 수급자와 장기요양기관은 「노인장기요양보험법」(이하 "법"이라 한다) 제28조의2에 따라 수급자의 가족만을 위한 행위, 수급자 또는 그 가족(이하 "수급자 등"이라 한다)의 생업을 지원하는 행위, 그 밖에 수급자의 일상생활에 지장이 없는 행위를 요구하거나 제공하여서는 아니 된다.

기준②

- 급여계약이 시작된 월은 지연통보 발췌에서 제외함
  - 급여계약기간 중 전월 말일까지 통보하지 않고 월 중에 통보한 경우는 지연통보 대상임
  - 확인경로: 기관포털> 급여계약> 안내문조회> 안내문종류> 지연

※ 스마일시니어 Tip

· 장기요양정보시스템 > 급여계약 > 안내문조회 – 안내문 종류:지연
  통보안내문 내역은 최대 6개월까지 조회가 가능합니다.

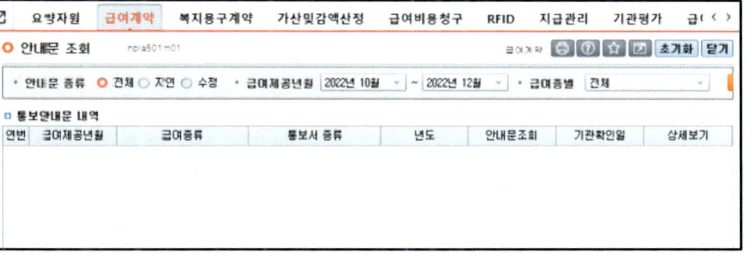

방문목욕22 욕구사정	수급자의 욕구사정을 정기적으로 실시합니다. (4. 급여제공과정 / 1. 급여개시 / 2.욕구사정)	점수 4

▣ 평가방향

수급자의 건강상태와 개인적 특성 등을 반영한 종합적 욕구사정을 실시하여 질 높은 급여제공이 되도록 노력하는지 평가

▣ 평가기준

		평가기준	평가방법
①	기 관	욕구사정을 연 1회 이상 실시함 필수사항 : 수급자명 일자 작성자명 총평 - 신규수급자는 급여개시일까지 실시하였는지 확인함	기 록
②	기 관	욕구사정 8개 항목이 모두 확인됨	

척도	점수	채점기준
우수	4	수급자 자료 표본 모두 평가기준을 충족함
양호	3	수급자 자료 표본의 75% 이상 평가기준을 충족함
보통	2	수급자 자료 표본의 50% 이상 평가기준을 충족함
미흡	0	'보통'의 기준을 충족하지 못함

▣ 정기평가 확인방법(23.1월 ~ 평가일)

기준①

- 총평은 종합소견을 서술형으로 충실하게 작성하였는지 확인함
- 해당급여직원이 연 1회 이상 작성하였는지 확인함

※ 스마일시니어 Tip

· 해당급여 직원여부 확인을 위해 업무분장표등을 확인합니다.

　사회복지사가 작성하는 경우라면, 업무분장을 사회복지사에게 합니다.

기준②

- 욕구사정이 단순체크리스트로 작성된 경우 욕구사정 항목별 또는 총평에
  판단 근거(수급자 기능 및 상태)가 확인되면 인정함
  - (예시) 신체상태 욕구사정 항목 중 옷 벗고 입기를 '△(부분도움)'으로 체크만 한 경우 인정하지 않고,
    판단근거를 '왼쪽편마비로 옷을 갈아입을때 일부 도움을 주어야함'으로 내용을 기록한 경우 인정
- 욕구사정 세부내용
  1. 신체상태: 일상생활동작 수행능력 등
  2. 질병상태: 과거병력, 현 진단명 등
  3. 인지상태: 인지기능 등
  4. 의사소통: 청취능력, 발음능력 등
  5. 영양상태: 음식섭취 패턴, 치아상태, 배설 양상 등
  6. 가족 및 환경상태: 가족상황, 거주환경, 수발부담 등
  7. 주관적 욕구: 수급자 또는 보호자가 호소하는 개별 욕구
  8. 자원이용: 의료기관, 사회복지기관, 그 외 서비스 기관 등

※ 스마일시니어 Tip

· 욕구사정 세부내용 항목 중 수급자가 해당되지 않는 항목은 '해당없음' 으로,

　요청하지 않은 항목은 '수급자 미요청 사항' 등을 기록합니다.

　→ 누락한 사항이 아닌 **불필요, 해당없는 사항**임을 제3자도 확인할 수 있도록 기록.

방문목욕22 욕구사정

수급자의 욕구사정을 정기적으로 실시합니다.
(4. 급여제공과정 / 1. 급여개시 / 2.욕구사정)

점수 4

평가방향

수급자의 건강상태와 개인적 특성 등을 반영한 종합적 욕구사정을 실시하여 질 높은 급여제공이 되도록 노력하는지 평가

평가기준

		평가기준	평가방법
○	기관	욕구사정을 연 1회 이상 실시함 필수사항 : 수급자명 일자 작성자명 총평 - 신규수급자는 급여개시일까지 실시하였는지 확인함	기록
③	기관	욕구사정 8개 항목이 모두 확인됨	

척도	점수	채점기준
우수	4	수급자 자료 표본 모두 평가기준을 충족함
양호	3	수급자 자료 표본의 75% 이상 평가기준을 충족함
보통	2	수급자 자료 표본의 50% 이상 평가기준을 충족함
미흡	0	'보통'의 기준을 충족하지 못함

정기평가 확인방법(23.1월 ~ 평가일)

※ 스마일시니어 Tip

수급자 계약 (개인정보제공 및 활용 동의) → 위험도 및 욕구사정 수립 → 급여제공 계획 수립 및 제출 (통보) → 서비스 제공 일정등록 및 서비스 시작

· 신규 수급자의 경우 ①위험도 평가 및 욕구사정이 수립된 다음
  ②급여제공계획이 통보되어야 합니다.
  예시) 계약일 : 23년 1월16일 / 위험도 및 욕구사정 : 23년 1월16일
  급여제공계획 작성일 및 통보일 : 23년 1월16일 ~17일 (서비스제공전)
  / 첫 서비스 제공일자 : 23년 1월17일
  ※ 계약이전 작성한 욕구사정은 평가기준 미충족 입니다.

· 욕구사정 기록지에는 위험도 평가내용을 기반으로 작성되어야 합니다.
  위험도와 상관성을 꼭 확인하여야 합니다.
  낙상위험도 :10점. 욕창위험도 :19점. 인지선별검사 : 정상
  - 신체상태에서는 낙상위험도 만큼 '부분도움'이 확인될것이며,
  - 질병상태에는 근골격계의 질병이 확인 될 수도 있습니다.
  - 재활상태에는 낙상방지 또는 관절수축 예방에 관련한 내용이 확인될 것이며,
  - 간호처치상태는, 방문간호 미이용시 '해당없음' 또는 '방문목욕 미이용 ' 등
  - 인지상태는 정상임으로 '해당없음' 으로 확인 될 것 입니다.
  - 총평은 위험도와 각 항목별 상태의 내용과 상이한 내용이 확인되지 않도록
    주의합니다.

방문목욕23 급여제공계획	수급자별 급여제공계획을 세우고 수급자(보호자)에게 동의를 받습니다. (4. 급여제공과정 / 2. 급여계획 / 1. 개별적 욕구반영)	점수 4

▣ 평가방향

욕구사정과 위험도 평가 등을 바탕으로 수급자 상태에 맞는 급여제공계획을 작성 및 통보하고, 수급자 또는 보호자에게 설명한 후 확인 서명을 받았는지 평가

▣ **직전** 평가기준

		평가기준	평가방법
①	기 관	수급자별 급여제공계획을 연 1회 이상 작성함 필수사항 : 급여종류, 목표, 세부목표, 필요내용, 세부제공내용, 횟수, 시간, 작성일자, 작성자 - 신규수급자는 급여개시 전까지 수립하였는지 확인함 - 급여제공계획 수립을 해당급여 직원이 실시하였는지 확인함	
②	기 관	표준장기요양이용계획서 욕구평가 낙상평가 욕창평가 인지기능검사를 급여 제공계획에 반영함 - 반영 여부는 급여제공계획 등 관련 자료로 확인함	기 록
③	기 관	급여제공계획에 대해 수급자 또는 보호자에게 설명하고 확인서명을 받음 - 독거이거나 보호자 연락이 되지 않아 확인서명을 받을 수 없는 경우에는 관련 근거를 확인함 - 확인서명이 어려운 경우에는 급여제공계획을 우편 발송하고 유선으로 안내 하여도 인정함	

척도	점수	채점기준
우수	4	수급자 자료 표본 모두 평가기준을 충족함
양호	3	수급자 자료 표본의 75% 이상 평가기준을 충족함
보통	2	수급자 자료 표본의 50% 이상 평가기준을 충족함
미흡	0	'보통'의 기준을 충족하지 못함

▣ 지표적용기간 : 20.1월 ~ 평가일

- 평가기준 ①의 연 1회 주기는 회계연도를 기준으로 적용하며, 2020.1월 ~ 2022.12월까지는 직전 정기평가 평가기준으로 확인함

▣ 직전 정기평가 확인방법 (20.1월~ 22.12월)

- 연 1회는 365일을 기준으로 확인하며 추가 30일간의 유예기간을 포함함
  (예시) 2018년 9월 17일에 실시한 경우, 2019년 9월 16일 + 30일 = 2019년 10월 16일까지 확인함

- 평가기준② 욕구평가, 낙상평가, 욕창평가, 인지기능 검사는 급여제공계획 전에 실시해야 인정함

※ 스마일시니어 Tip

수급자 계약 (개인정보제공 및 활용 동의)	위험도 및 욕구사정 수립	급여제공 계획 수립 및 제출 (통보)	서비스 제공 일정등록 및 서비스 시작

- 신규 수급자의 경우 ①위험도 평가 및 욕구사정이 수립된 다음 ②급여제공계획이 통보되어야 합니다.
  예시) 계약일 : 23년 1월16일 / 위험도 및 욕구사정 : 23년 1월16일
  급여제공계획 작성일 및 통보일 : 23년 1월16일 ~17일 (서비스제공전)
  / 첫 서비스 제공일자 : 23년 1월17일

- 개인별장기요양이용계획서와 다르게 계획이 수립되었다면, 그 사유(수급자 요청, 수급자 및 보호자 요청사항, 기능상태 악화, 기능상태 호전 등)를 종합의견등에 기록합니다.

방문목욕23 급여제공계획

수급자별 급여제공계획을 세우고 수급자(보호자)에게 동의를 받습니다.
(4. 급여제공과정 / 2. 급여계획 / 1. 개별적 욕구반영)

점수 4

▣ 평가방향

욕구사정과 위험도 평가 등을 바탕으로 수급자 상태에 맞는 급여제공계획을 작성 및 통보하고, 수급자 또는 보호자에게 설명한 후 확인 서명을 받았는지 평가

▣ 평가기준

		평가기준	평가방법
①	기관	수급자별 급여제공계획을 연 1회 이상 작성함 필수사항 급여종류 : 수급자명, 작성일자, 작성자명, 장기요양 세부목표, 장기요양 필요내용, 세부제공내용, 횟수, 시간, 종합의견 - 신규수급자는 급여개시일까지 실시하였는지 확인함	기록 전산
②	기관	개인별장기요양이용계획서, 욕구사정, 낙상평가, 욕창평가, 인지기능검사를 급여제공계획에 반영함	
③	기관	급여제공계획에 대해 수급자 또는 보호자에게 설명하고 확인서명을 받고 공단에 통보함	

척도	점수	채점기준
우수	4	수급자 자료 표본 모두 평가기준을 충족함
양호	3	수급자 자료 표본의 75% 이상 평가기준을 충족함
보통	2	수급자 자료 표본의 50% 이상 평가기준을 충족함
미흡	0	'보통'의 기준을 충족하지 못함

▣ 정기평가 확인방법(23.1월 ~ 평가일)

평가기준 ①의 필수사항 중 '종합의견'과 평가기준③의 공단 통보여부는 **23년 1월부터** 확인함

기준①

- 개별적인 급여제공계획을 해당급여직원이 연 1회 이상 작성하였는지 확인함

> **※ 스마일시니어 Tip**
> · 해당급여 직원여부 확인을 위해 업무분장표등을 확인합니다.
>   사회복지사가 작성하는 경우라면, 업무분장을 사회복지사에게 합니다.

기준②

- 욕구사정, 낙상평가, 욕창평가, 인지기능 검사는 급여제공계획 전에 실시해야 인정함

> **※ 스마일시니어 Tip**
>
> 수급자 계약 (개인정보제공 및 활용 동의) → 위험도 및 욕구사정 수립 → 급여제공계획 수립 및 제출(통보) → 서비스 제공 일정등록 및 서비스 시작
>
> · **신규 수급자의 경우 ①위험도 평가 및 욕구사정이 수립된 다음 ②급여제공계획이 통보되어야 합니다.**
>   예시) 계약일 : 23년 1월16일 / 위험도 및 욕구사정 : 23년 1월16일
>   급여제공계획 작성일 및 통보일 : 23년 1월16일 ~17일 (서비스제공전)
>   / 첫 서비스 제공일자 : 23년 1월17일
>
> · 개인별장기요양이용계획서와 다르게 계획이 수립되었다면, 그 사유(수급자 요청, 수급자 및 보호자 요청사항, 기능상태 악화, 기능상태 호전 등)를 종합의견등에 기록합니다.

합격노트23

항목	점수	
긴급자동채결	4	(4. 공자지정없음 / 2. 공자지에게 / 1. 개별적 등록가능)

긴급자동채결을 세팅하고, 공자자(후자)에게 등의를 받습니다.

▣ 평가기준

평가 시점은 평가 바로미터 공자 단위바로 알리는 긴급자동채결의 정상 및 신고가상공 평가 바로미터 공차 확인한 후 정상 수여공 알리지 않도록 합기 점검

▣ 평가기준

평가기준	세부기준
기본	① 긴급자동채결에 관한 필드 1회 이상 자성함 정상 여부 용도는 : 공자자명, 자자자명, 자자일자, 정기긴급 세팅되, 긴급자지공원, 세부자용내용, 공자, 시간, 공원의지 - 신고수자들의 공자여명자기 제시하여상않 확인지 확인함
기본	② 개별평가기공원에 긴급자등채결이 기능상가 담합성 기긴급자들 긴급자동채결에 자용합
기본	③ 공자지체계에 대하여 공자 자로자에게 정상하고 확인임 등 필드 분단에 응답함

세부기준

구분	점수	세부기준
우수	4	공자지공 표본 모두 평가긴급자동채결
양호	3	공자지공 표본의 75% 이상 평가긴급자동채결
보통	2	공자지공 표본의 50% 이상 평가긴급자동채결
미흡	0	'보통'의 기긴급을 충족하지 못함

기준 ①

• 등기 또는 포함지 연락이 인지 않은 해인사상함 받은 수 있도록 공차 중정 공자지채결 유리 공차 등
용통하고 공자 인내용 정상 공자 근거 자료를 확인임

| 방문목욕24 급여제공 적절성 | 수급자별 급여제공계획에 따라 급여를 제공하고 변경된 경우 그 사유를 기록합니다.
(4. 급여제공과정 / 3. 급여제공 / 1. 욕구반영 급여제공) | 점수 3 |

▣ 평가방향

수급자별 급여제공계획에 따라 급여를 제공하고 변경된 경우 그 사유를 기록하는 등 체계적인 급여제공이 이루어지고 있는지 평가

▣ 평가기준

		평가기준	평가방법
①	기관	급여제공계획에 따라 급여를 제공하고 기록함 필수사항 : 일자, 급여내용, 급여제공시간, 급여제공자 서명	기 록
②	기관	급여제공계획이 변경된 경우 그 사유를 기록하고 변경된 급여제공 계획에 따라 급여를 제공함	전 산

척도	점수	채점기준
우수	3	수급자 자료 표본 모두 평가기준을 충족함
양호	2.25	수급자 자료 표본의 75% 이상 평가기준을 충족함
보통	1.5	수급자 자료 표본의 50% 이상 평가기준을 충족함
미흡	0	'보통'의 기준을 충족하지 못함

▣ 지표적용기간 : 20.1월 ~ 평가일

▣ 확인방법

기준①, ②

- 장기요양급여제공기록지(노인장기요양보험법 시행규칙 별지 제12호 서식)에 충실하게 작성하였는지 확인함

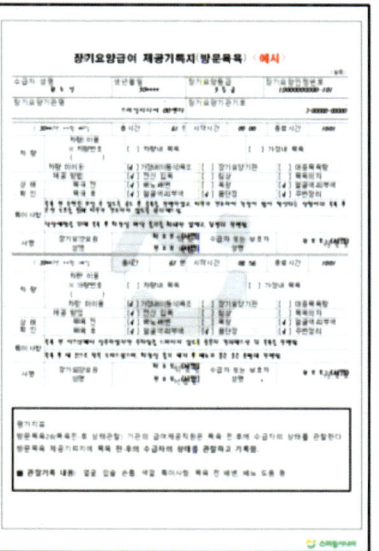

※ 스마일시니어 Tip

· 총시간/시작시간/종료시간
· 차량이용여부
· 제공방법
· 수급자 상태 확인
· 특이사항
 : 수급자의 상태변화
· 서명(2인)
 : 급여제공 요양보호사의 서명

기준②

- 급여제공계획 변경사유: 기능상태 변화, 수급자 욕구, 보호자 요구 등
- 급여제공계획 변경내용: 급여내용, 시간, 횟수 등

성인 교육용 식단 평가기준 코드 작성 사용설명서

■ 지표적용기간 : 20.1월 ~ 월 기말

■ 확인방법

기준①
- 기준이 수급자의 수급자격 유효기간 만료일 또는 수급자격 재인정(확유효)

안내문용

※ 아래 예시와 Tip
- 급여제공계획 시 개별화된 욕구조사를 반영하여 계획했는지 확인하고, 욕구조사 시 개별화된 내용이 있는지 확인하며 매월 급여제공 기록지에 등 확인하여 조치해야 합니다.

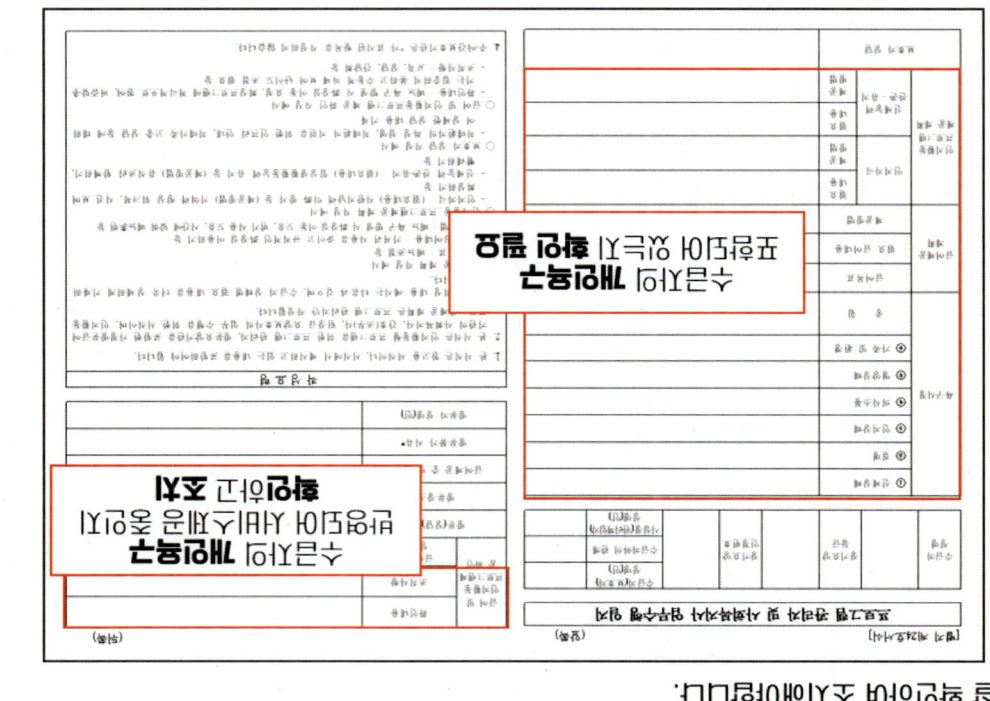

수급자의 개별적 욕구 타당이 있는지 조사 조치

수급자의 개별화된 욕구 반영 조사

평가항목

평가기준	평가방법
① 개별화된 욕구조사 결과를 반영하여 급여를 제공하는가	수기
② 급여제공계획이 급여내용을 포함하고 급여를 제공하는가	수기

평가기준

구분	점수	세부기준
우수	3	수급자 전원 또는 평균 75%이상 평가기준을 충족함
양호	2.25	수급자 전원 또는 평균 75%이상 평가기준을 충족함
미흡	0	평가항목의 기준등 충족하지 못함

평가등기

> 장기요양기관평가 제3호(장기요양기관 재가평가 기준영역)
> 장기요양기관 재정운영 및 급여제공 지원평가 등에 제공 근거 기준(장기요양인정 신청내용 등)

평가인증2.5

수급자의 개별화된 욕구를 반영하여 급여를 제공합니다.
(4. 급여제공계획 / 3. 급여제공과정 / 1. 월간급여제공 계획과정)

평가인증점수: 3점

방문목욕25 욕구반영

수급자의 개별적인 욕구를 반영하여 급여를 제공합니다.
(4. 급여제공과정 / 3. 급여제공 / 1. 욕구반영 급여제공)

점수 3

▣ 평가방향

수급자의 개별적인 욕구를 반영한 급여내용을 설명하면서 급여를 제공하는지 평가

▣ 평가기준

		평가기준	평가방법
①	수급자	개별적인 욕구를 반영한 급여를 제공받음	면담
②	수급자	급여제공직원이 급여내용을 설명하고 급여를 제공함	면담

척도	점수	채점기준
우수	3	수급자 자료 표본 모두 평가기준을 충족함
양호	2.25	수급자 자료 표본의 75% 이상 평가기준을 충족함
미흡	0	'양호'의 기준을 충족하지 못함

▣ 관련근거

- 노인장기요양보험법 제3조(장기요양급여 제공의 기본원칙)
- 장기요양급여 제공기준 및 급여비용 산정방법 등에 관한 고시 제8조(장기요양급여제공내용 안내 등)

기준②
- 서비스 제공 전 수급자에게 서비스 내용에 대해 설명을 하는지 수급자(보호자)와 면담으로 평가함

※ 스마일시니어 Tip

· 급여는 급여제공계획과 기준에 근거하여, 관련 지침 및 매뉴얼에 따라 충실하게 제공하고, 급여제공기록지에 자세히 기록해야합니다.

· 급여제공 절차를 요양보호사에게 교육하여 숙지하고 적용하도록 합니다.

방문목욕

단계	내용
방문	· 방문 전 자신의 복장과 차림새를 점검하도록 한다(유니폼, 명찰 등 착용). · 입실 전 성명을 말하고, 인사 후 들어선다.
일정관리	· 방문시간과 계획서 상의 일정과 서비스내용을 확인한다. · 변경되었을 경우에는 해당 내용(연장, 단축, 일시, 서비스내용)을 기록한다.
입욕준비	· 수급자의 신체 상태를 고려하여 적절하게 제공한다(체온, 호흡 등). · 실내온도와 물의 온도를 조절하여 입욕을 대기한다(목욕차량, 이동욕조 이용시).
이동	· 이동리프트를 이용하여, 수급자를 목욕차로 이동하게 한다. · 이동용 욕조를 수급자의 방안이나 거실로 옮긴다. · 거주환경 및 수급자의 상태에 따라 가능한 이동도움을 제공한다(휠체어, 보행보조차, 부축 등).
옷벗기와 입욕	· 수급자의 상태(편마비, 와상 등)에 따라 적절한 옷벗기 및 입욕 준비를 실시한다.
돋씻기	· 목욕을 제공한다(요양보호사 1급, 2명 이상이 제공). · 얼굴(면도), 손/발, 팔/다리, 가슴/배, 허리/엉덩이, 국부, 머리감기, 물기 제거 등
옷입기 및 이동	· 의복착용 후 욕조에서 방으로 이동한다.
주변정리	· 수급자 상태 및 급여제공결과를 확인한다. · 욕조관리(욕조 및 목욕용품 소독, 목욕공간 정리)
기록	· 신체기능 등 변화 상태를 관찰하여 기록한다. · 이외의 특기사항을 자유롭게 기록하고, 가족이나 관리자에게 알려야 할 내용은 보고한다.
확인 및 서명	· 급여제공을 마무리하기 전 수급자 또는 가족에게 더 필요한 급여제공내용이 있는지 확인한다. · 가스, 전기, 수도, 문단속 등 안전 확인을 실시한다. · 장기요양급여제공기록지를 최종적으로 정리·작성하고 수급자 또는 가족 에게 설명한 후 날인을 받는다.
퇴실	· 추후 방문일정을 확인하고, 마무리 인사를 한다.

평가항목26

수급자 또는 보호자에게 급여제공 계획을 설명합니까?

점수	4
(4. 급여제공계획 / 3. 급여제공과정 / 2. 결과보고)	

□ 평가기준항목

요양보호사인 바깥에 급여 전에 수급자(보호자)에게 인지하여 수급자 공지의
동의를 받고, 방문요양 서비스를 실행하고 있는지 평가

□ 평가기준

평가기준	평가방법
① 지원	요양보호사인 바깥에 급여 전에 수급자에게 동의를 구하고 인지시킴 · 인지방법 내용: 급여제공 시장 및 시간장소 수급자 인지방법 등
② 수행1	요양보호사인 바깥에 근무 중 수급자에게 장소 및 서비스 내용을 설명
③ 수행2	요양보호사인 바깥에 근무 중 수급자에게 동의를 받아 설명
④ 기록	요양보호사인 바깥에 근무 평균 표본 14일 이내에 수급자(보호자)에 대한 설명 및 동의 사항을 기록 내용: 설명사항, 설명일자, 설명장소, 설명대상자, 설명자 등

평점	점수	세부기준
우수	4	평가기준 모두 충족
양호	3	평가기준 4개 중 3개 항목 충족
보통	2	평가기준 4개 중 2개 항목 충족
미흡	0	1개 이하의 기준을 충족하거나 충족

□ 지표적용기간 : 20.1월 ~ 평가년
평가기준 ④번은 23년 1월부터 적용예정

□ 확인방법

기준 ①, ②, ③, ④
· 요양보호사인 바깥에 설명되어 있는 경우 'V(충족)'로 평가기록

기준 ①
· 요양보호사이 수급자에게 급여 제공계획을 설명하고, 기관 문서 등에 설명하고 있는 이용 등에 대하여 수급자 바깥에 어려운이 그 내용에 대해 자신이 없다면, 어느 구체적으로 확인이 필요함

기준 ②
· 서비스제공 계획서나 수급자바깥에서 이용되는 계약중 계약사항 기록한(요양보호사) 기준 동의한 수급자(보호자)의 서명 등 확인

기준 ④
· 요양보호사인 바깥에 이동시 근무 동일한 수급자에 대해 설명한 일로 매월 설명할 필요 없음

※ 소사업지의 Tip
이 양식은 <U>방문요양 인계분서</U>를 작성합니다.

인계된 인계분서가 각각 사용이 됩니다.

방문목욕26 직원변경

수급자는 급여제공직원이 바뀌어도 동일한 수준의 급여를 제공받습니다.
(4. 급여제공과정 / 3. 급여제공 / 2. 질보장)

점수 4

▣ 평가방향

급여제공직원이 바뀌는 경우 급여제공 전에 수급자(보호자)에게 안내하여 수급자의 알권리를 보장하고 수급자에게 동일한 수준의 서비스를 보장하고 있는지 평가

▣ 평가기준

		평가기준	평가방법
①	직원	급여제공직원은 수급자에게 급여를 제공하기 전 인계인수를 받음 · 인계인수 내용 수급자 건강상태 가정 및 생활환경 특이사항 등	면담
②	수급자	급여제공직원이 바뀌는 경우 급여제공 전에 새로운 직원을 소개 받음	면담
③	수급자	급여제공직원이 바뀌는 경우 동일 수준의 급여를 제공받음	면담
④	기관	급여제공직원이 바뀌는 경우 변경일(변경된 급여제공직원의 급여 개시일)로부터 토요일, 공휴일 포함 14일 이내에 수급자(보호) 와 상담을 실시함 · 필수사항 : 상담일시, 상담방법, 수급자명, 상담직원, 상담대상자, 상담 내용	기록

척도	점수	채점기준
우수	4	평가기준을 모두 충족함
양호	3	평가기준 중 3개 항목을 충족함
보통	2	평가기준 중 2개 항목을 충족함
미흡	0	'보통'의 기준을 충족하지 못함

▣ 지표적용기간 : 20.1월 ~ 평가일

평가기준 ④번은 **23년 1월**부터 확인함

▣ 확인방법

기준①,②,③,④

- 급여제공직원의 변경이 없는 경우는 'Y(충족)'로 평가함

기준①

- 급여제공직원이 수급자에게 급여를 제공하기 전 수급자의 건강상태, 가정 및 생활환경, 특이사항 등에 대하여 인계인수를 받았는지 여부와 그 내용에 대해 직원과 면담으로 확인함

기준②

- 시설장이나 관리자(수급자나 급여제공직원을 관리하는 중간관리자 포함)가 동행하여 급여제공 시간 전까지 수급자(보호자)에게 새로운 직원을 소개하였는지 수급자(보호자)와 면담함

기준③

- 급여제공직원이 바뀌어도 이전과 동일한 수준의 급여를 제공받았는지 수급자(보호자)와 면담함

※ 스마일시니어 Tip

- 스마일시니어는 급여제공 요양보호사 변경시 **요양보호사 인계인수서**를 작성합니다.

인계자와 인수자 각각 서명을 합니다.

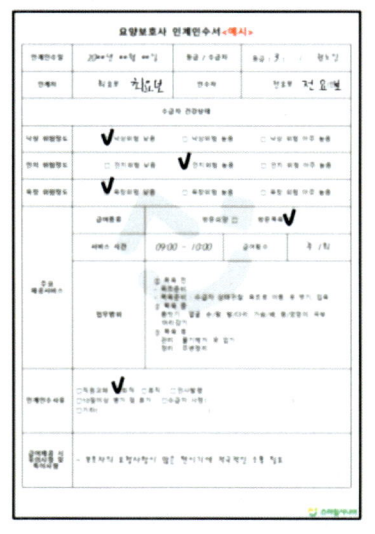

방문요양급여

장기요양요원은 급여제공 전 수급자(보호자)에게 안내하여 동의를 받은 급여종류를 제공합니다.

급여종류	횟수
수급자 곰여제공계획서에 명시된 급여종류 (4. 일상생활함께하기 / 3. 정서지원 / 2. 정서지원)	4

▣ 방문기록방법

장기요양요원이 방문하는 경우 급여(보호자)에게 안내하여 동의를 받은 급여종류가 동일하고 표준장기요양이용계획서 및 급여제공계획서 상의 급여종류와 상이하지 않은 경우

▣ 방문기록방법

급여기록법	방문기록	
①	기록	장기요양요원은 수급자에게 제공한 급여종류 및 인지활동내용 등
②	수급자	장기요양요원이 방문하는 경우 방문 시 신분증 등을 제시하고 급여
③	수급자	장기요양요원이 방문하는 경우 방문 후 수급자에게 안내한다.
④	기록	장기요양요원이 방문하는 경우 방문 후 14일 이내에 표준장기요양(보호자) 안 급여제공기록지 또는 급여종류, 방문시간 등을 기록한다. 내용 : 방문시각, 방문장소, 수급자명, 수급자서명, 장기요양요원 서명

체크기준

구분	점수	체크기준
우수	4	방문기록을 모두 충족함
양호	3	방문기록 중 3개 항목을 충족함
보통	2	방문기록 중 2개 항목을 충족함
미흡	0	방문기록이 1건도 충족하지 않음

기준①

* 사업장이나 공단(수급자)공단 급여제공기록지 공단장기요양 포털)가 방문장소 지정이 된 여부를 확인하여 확인 후 급여제공기록지 급여가 방문하는 경우 마지막 방문후 급여가 방문하는 경우 급여가 방문하는 14일 이내 급여제공기록지 등 방문일 증이 있어야 함

※ 급여제공일로부터 14일 이내 급여제공기록지가 제출된 경우 예외 인정

※ 마일리지 Tip

* 23년 1월 16일 방문요양급여 개시신청서 발송
  → 사업자, 방문요양급여 인지사업자 제출
* 23년 1월 17일 방문요양급여 인지사업자 사업자 제공시
  → 신청인 및 공단 심사후 방문요양급여 인지사업자 사업 및 방문요양급여 개시
  동일한 급여에 방문하여 공동의 방문요양급여 사업 가능
* 23년 1월 30일 공단 승인 후 방문요양 운영 시간(14일 이내)
  → 방문요양급여 사업자의 공단은 인지된 공단 지시
* 공단이 개시되고 사업자에게 공단 방문요양급여 사업 인지하는 경우

※ 방문요양급여 > 공단사항이

방문요양급여의 공단 사업가 안내 에 후 기록.

장기요양요원이 개시시간 내용을 확인하여 공동하는 기록 인근요원이 회해진 기록

방문목욕27 목욕 전·후 상태관찰

목욕 전·후에 수급자의 상태를 관찰하고 필요 시 조치를 취합니다.
(4. 급여제공과정 / 3. 급여제공 / 3. 목욕도움)

점수 3

▣ 평가방향

목욕 전후에 발생할 수 있는 응급 상황에 대비하여 수급자의 신체 상태 · 관찰 및 조치를 취하는지 평가

▣ 평가기준

		평가기준	평가방법
①	기관	목욕 전 수급자의 상태를 관찰하고 기록함	기록
②	기관	목욕 후 수급자의 상태를 관찰하고 기록함	
③	기관	목욕 전·후 상태변화에 따른 조치를 취하고 기록함	

척도	점수	채점기준
우수	3	수급자 자료 표본 모두 평가기준을 충족함
양호	2.25	수급자 자료 표본의 75%이상 평가기준을 충족함
보통	1.5	수급자 자료 표본의 50%이상 평가기준을 충족함
미흡	0	'보통'의 기준을 충족하지 못함

▣ 지표적용기간 : 20.1월 ~ 평가일

평가기준 ③번은 **23년 1월**부터 확인함

▣ 확인방법

기준①,②,③,④

- 관찰기록 내용 : 목욕 전·후 얼굴 · 입술 · 손톱 색깔, 특이사항, 피부손상, 의식변화 등 수급자의 신체 상태, 인지기능 상태 등과 관련된 사항
- 관찰기록 내용은 별도의 체크리스트로 작성하여도 인정함

기준③

- 목욕 전·후 상태변화가 확인된 경우 추가적인 관찰 또는 응급상황 발생 시 응급조치를 취한 내용을 기재하여 확인된 경우 인정함

※ 스마일시니어 Tip

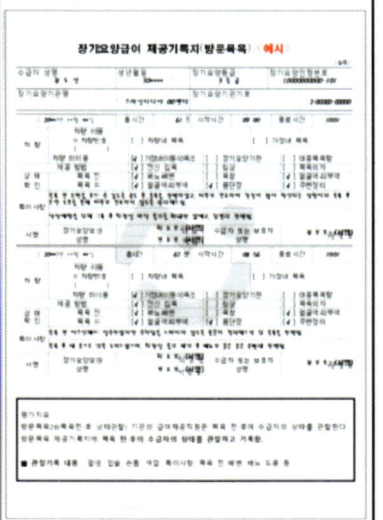

- 총시간/시작시간/종료시간
- 차량이용여부
- 제공방법
- 수급자 상태 확인
- 특이사항
  : 수급자의 상태변화
- 서명(2인)
  : 급여제공 요양보호사의 서명

방문목욕28 적정목욕 급여제공	수급자는 목욕 전 과정에 적정한 급여를 제공받습니다. (4. 급여제공과정 / 3. 급여제공 / 3. 목욕도움)	점수 3

▣ 평가방향

수급자가 기관으로부터 적정한 목욕급여를 제공받고 있는지 평가

▣ 평가기준

		평가기준	평가방법
①	수급자	목욕 전 배뇨·배변 도움을 제공받음	
②	수급자	목욕물 온도와 목욕시간이 적정함	면 담
③	수급자	입욕시이동보조와 몸씻기과정은 2명 이상의 요양보호사가 제공함	
④	수급자	목욕 후 몸단장 및 주변을 정리해줌	

척도	점수	채점기준
우수	3	평가기준을 모두 충족함
양호	2.25	평가기준 중 ③번 포함하여 3가지 항목을 충족함
보통	1.5	평가기준 중 ③번 포함하여 2가지 항목을 충족함
미흡	0	'보통'의 기준을 충족하지 못함

▣ 지표적용기간 : 20.1월 ~ 평가일

▣ 확인방법

기준①

- 목욕 전 배뇨·배변 도움이 필요한지 확인 후 도움을 제공하였는지 수급자(보호자)와 면담으로 확인함

기준②, ③

- 목욕시간이 계약내용과 일치하였는지 여부와 목욕물의 적정온도를 유지하였는지 수급자(보호자)와 면담으로 확인함

  ※ 적정온도(예시) : 섭씨 32~38도 정도, 허약한 노인일 경우 : 섭씨 36~37도 정도

※ 스마일시니어 Tip

· 목욕 전 수급자의 상태를 관찰하여 목욕가능 여부와 목욕으로 인해 나타날 수 있는 여러 가지 문제점을 방지합니다.

  - 혈뇨, 혈변 등 대·소변의 이상
  - 욕창의 발견 혹은 외상, 화상 등으로 출혈이 나타났을 때
  - 기타 본인이 걱정하고 있는 두통, 구토, 경련발작, 시력장애, 현기증 등 여러 가지 증상

· 목욕차량(탑차)

  ① 차량안의 온도를 조절하여, 실내온도는 20℃ 이상을 유지하되(24℃가 가장 이상적), 전신상태가 좋지 않은 경우 실내온도를 더 높이고, 수급자에게 체감온도를 물어 실내온도를 조정한다.

  ② 차량 주차 후 전원과 급수호스를 연결하여 물을 공급하고, 물의 온도는 32-38℃로 하고, 허약한 수급자일 경우는 36-37℃를 유지한다.

  ③ 균일한 수온을 위해 물을 잘 저어주며 손으로 체감온도를 확인한다.

  ④ 필요하면 나중에 더운 물을 추가한다.

· 이동형 욕조

  ① 목욕장비를 수급자 집안으로 이동하여 설치하고, 배수호스는 배수구에 연결하여 배수가 원활하게 하도록 한다.

  ② 입욕에 적절한 온도를 설정하고 탱크 내 온수가 잘 섞이도록 2-3분간 작동시킨다.

  ③ 방수시트를 깔고, 욕조를 안전하게 설치한다. 욕조에 온수를 공급시킨다.

  ④ 수급자의 체온유지를 위해 욕실의 실내 온도와 욕조의 물 온도를 확인한다

방문목욕28 적정목욕 급여제공

수급자는 목욕 전 과정에 적정한 급여를 제공받습니다.
(4. 급여제공과정 / 3. 급여제공 / 3. 목욕도움)

점수 3

▣ 평가방향

수급자가 기관으로부터 적정한 목욕급여를 제공받고 있는지 평가

▣ 평가기준

		평가기준	평가방법
①	수급자	목욕 전 배뇨·배변 도움을 제공받음	면담
②	수급자	목욕물 온도와 목욕시간이 적정함	
③	수급자	입욕시이동보조와 몸씻기과정은 2명 이상의 요양보호사가 제공함	
④	수급자	목욕 후 몸단장 및 주변을 정리해줌	

척도	점수	채점기준
우수	3	평가기준을 모두 충족함
양호	2.25	평가기준 중 ③번 포함하여 3가지 항목을 충족함
보통	1.5	평가기준 중 ③번 포함하여 2가지 항목을 충족함
미흡	0	'보통'의 기준을 충족하지 못함

기준④

- 몸 단장 : 머리단장, 손·발톱 깍기, 면도, 화장하기 등

※ 스마일시니어 Tip

· 스마일 시니어는
목욕 후 수급자의 전반적인 상태파악과 필요한 추가 도움 제공으로 목욕서비스를 마무리하도록 요양보호사 교육을 합니다.
- 목욕 중 배출된 수분을 보충을 위한 따뜻한 물이나 음료를 제공합니다.
- 손발톱을 정리합니다.(손발톱 밑과 주변에 살이 다치지 않도록 주의합니다.)
- 수건과 헤어드라이어를 이용하여 몸과 머리카락에 남아있는 물기를 완전히 제거하고 피부보습을 위한 로션등을 발라줍니다.
- 목욕 후 30분 이상 휴식을 취하도록 합니다.
- 사용한 목욕물을 제거하고, 사용한 욕조는 반드시 세정제로 소독하고, 세척합니다.
- 물기가 있어 바닥이 미끄러울 경우 낙상의 위험이 높음으로 최대한 물기를 제거하도록 합니다.

방문목욕29 수급자 안전관리	수급자의 안전을 위해 노력합니다. (4. 급여제공과정 / 3. 급여제공 / 4. 안전관리)	점수 4

▣ 평가방향

수급자가 가정에서 안전한 생활을 유지할 수 있도록 급여제공 관련 자료 제공 및 설명 후 급여를 제공하는지 평가

▣ 평가기준

		평가기준	평가방법
①	수급자	모든 수급자(보호자)는 6가지(욕창예방, 낙상예방, 탈수예방, 배변도움, 관절구축예방, 치매예방) 자료를 제공받음	현 장
②	수급자	모든 수급자(보호자)는 6가지(욕창예방, 낙상예방, 탈수예방, 배변도움, 관절구축예방, 치매예방)에 대해 설명을 들음	면 담
③	수급자	직원으로부터 안전하게 급여를 제공받음	면 담 · 관 찰
④	수급자	급여제공시 신체 부위에 입힌 상처가 없음	

척도	점수	채점기준
우수	4	평가기준을 모두 충족함
양호	3	평가기준 중 ①,④번 포함한 3개 항목을 충족함
보통	2	평가기준 중 ①,④번 항목을 충족함
미흡	0	'보통'의 기준을 충족하지 못함

▣ 지표적용기간 : 20.1월 ~ 평가일

▣ 확인방법

기준①

- 수급자가 급여를 제공받는 현장에 6가지 자료가 모두 비치되어 있는지 확인함

기준②

- 6가지 자료에 대한 내용 설명을 들었는지 수급자(보호자)와 면담하여 확인함

※ 스마일시니어 Tip

· 스마일시니어는 수급자계약시 **장기요양급여제공 안내문**을 활용하여 욕창예방, 낙상예방, 탈수예방, 배변도움, 관절구축예방, 치매예방을 **교육**하고 자료를 수급자께 **제공**합니다.

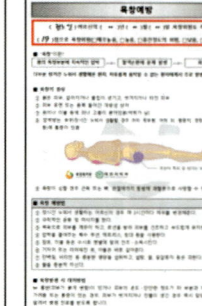
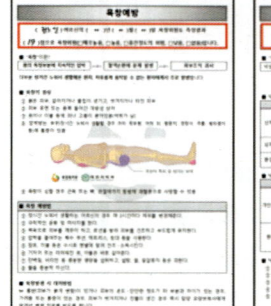
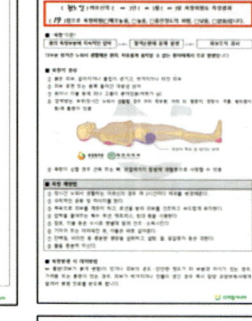
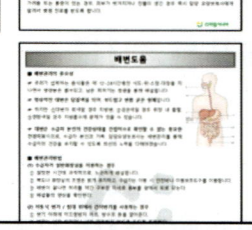
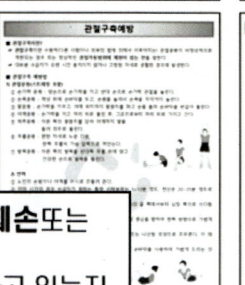

평가전 전체 수급자댁에 해당 자료가 훼손또는 분실되지는 않았는지 확인 필요합니다.
※ 자료의 위치를 수급자가 정확히 인지하고 있는지 확인 필요

방문목욕29 수급자 안전관리

수급자의 안전을 위해 노력합니다.
(4. 급여제공과정 / 3. 급여제공 / 4. 안전관리)

점수 4

◨ 평가방향

수급자가 가정에서 안전한 생활을 유지할 수 있도록 급여제공 관련 자료 제공 및 설명 후 급여를 제공하는지 평가

◨ 평가기준

		평가기준	평가방법
①	수급자	모든 수급자(보호자)는 6가지(욕창예방, 낙상예방, 탈수예방, 배변도움, 관절구축예방, 치매예방) 자료를 제공받음	현장
②	수급자	모든 수급자(보호자)는 6가지(욕창예방, 낙상예방, 탈수예방, 배변도움, 관절구축예방, 치매예방)에 대해 설명을 들음	면담
③	수급자	직원으로부터 안전하게 급여를 제공받음	면담
④	수급자	급여제공시 신체 부위에 입힌 상처가 없음	면담·관찰

척도	점수	채점기준
우수	4	평가기준을 모두 충족함
양호	3	평가기준 중 ①,④번 포함한 3개 항목을 충족함
보통	2	평가기준 중 ①,④번 항목을 충족함
미흡	0	'보통'의 기준을 충족하지 못함

기준③

- 급여제공과정에서 수급자에게 상해(상처, 골절 등)을 입힌 적이 없고 사고(낙상 등) 없이 안전하게 급여를 제공하였는지 수급자(보호자)와 면담함

기준④

- 신체 부위 등에 상처를 입지 않고 안전하게 급여를 제공받았는지 수급자의 신체를 관찰하고 면담함

※ 스마일시니어 Tip

· 스마일시니어는 월 수급자댁 라운딩 시 **수급자 사고 예방 및 관리**가 잘 이루어지고 있는지 확인하고 조치합니다.

낙상 예방을 위한 환경 정비
① 주변에 흩어진 줄이나 전선, 방석이나 양탄자 제거
② 부득이 바닥에 양탄자나 이불을 깔아야 한다면 가장자리를 고정
③ 바닥재는 덜 미끄럽고, 탄성이 있어 충격을 흡수할 수 있는 재질 사용
④ 가구는 모서리가 둥근 형태의 것을 사용(모서리 쿠션, 모서리 안전 가드 등 부착), 벽 및 가구 표면에는 뾰족한 못 등 날카로운 것 제거
⑤ 누워있거나, 잠든 동안에는 침대난간을 올려 고정
⑥ 바닥에 물이 떨어진 경우, 즉시 닦기
⑦ 깨지기 쉬운 물건, 위험한 것들은 보관함 및 캐비닛에 보관
⑧ 앉고 일어설 때 천천히 움직이기.
  (고혈압이나 심혈관질환이 있는 수급자는 어지러움 증이 유발될 수 있음)
⑨ 슬리퍼나 바닥이 미그러운 신발 착용 금지
⑩ 보행에 어려움이 있을 경우, 보행(보조)차나 지팡이 등 사용
⑪ 거실과 계단, 현관, 화장실은 항상 환하게 밝혀 두거나 센서등 설치
⑫ 벽과 변기 근처에 안전손잡이 설치
⑬ 조리대 근처 바닥에는 미끄러지지 않도록 고무매트 설치

원격평가지원센터 평가의 모든 것! 평가 업무 매뉴얼

원용직무능력 평가

□ 평가방법

사례평가 회의를 중간결과로 평가합니다.
(4. 근무성적평정 / 3. 근무태도 / 5. 사례평정 회의)

수시평가 결과, 근무, 경력, 기여도 등에 대한 정성적 사항을 바탕으로 수집자에게
확정적인 근무를 재작성하기 위해 수립하는 사례평가 회의

□ 평가기준항목

평가항목	평가기준
기록	① 사례평가 회의를 최소 1회 실시함
	② 사례평가 회의를 연 1회 이상 실시함
	③ 평가사례의 근거 사항 확인됨 (수집자원, 검토, 전산사항, 회의내용, 회의참석자)
	④ 회의결과를 1개월 내에 공유 완료함

□ 배정기준

평가	점수	배정기준
우수	3	평가기준 ①,②,③,④ 항목 모두 충족함
양호	2.25	평가기준 ①,②,③ 항목 중 3개 충족함
보통	1.5	평가기준 ①,② 항목 중 1개 충족함
미흡	0	평가기준 내용을 충족하지 못함

□ 직접 정기평가 확인사항 (20.1월~22.12월)

- 사례평가 회의 : 수집자를 작성하여 근무를 해결하기 위한 방안 및 검토 내용을 결정하고, 예방 대비
  근무계획에 반영하여 안전하고 적절한 서비스를 제공하기 위해 인원이 확인 회의
- 수집자의 문제 및 욕구에 대응한 안정성과 장기요양 요구 등 관한 공유하는 사례평가 회의 인원 확인
- 평가기간 동안 : 사례평가 회의를 수집자의 문제와 중요한 정보이용 관련 인원
- 평가기간 ② 평가대상이 되는 근무계획 또는 근무계획에 관한 방향 검토내용을 확인만 하는 것임

※ 스마트시니어 Tip

사례회의 일시 작성

- 회의일시 : 예) 1월 16일 10:30
- 시간까지 기록, 시차/케이스개인 정보 동일
- 회의 참석자 : 시설장, 사례관리자, 수집자 복지 참석 반드시 포함
- 회의사항 : 수집자의 현 상황과 사회복지적으로 인한 인원이 함께 함.

회의 내용

- 1월 16일 10:30 이후 ~ 2월 15일 이내 반드시 확인할 회의 요약일 내용 기록
- 사회적 대상자 : 2월 3일 / 수집자의 전반 개선 대비 검토 사항
- 회의결과 결과 : 2월 13일
- 근무계획 개선 : 2월 3일 기록지 > 월 이야기할 기록
- 근무 세부 개선 / 등
- 수립 검토계획 : 수집자 복지가 반응하지, 사례결과 방안이 잘 기록되어 있고
  있는지 확인하고 조정한 대비 가능 기록.
- ※ 근무계획사, 장기요양회의지, 근무계획개선사 중 한 가지 기록

- 근무계획개선 : 근무계획개선의 참여 유무와 결정 사항 재작성하고, 완료 동료

방문목욕30 사례관리

사례관리 회의를 정기적으로 실시합니다.
(4. 급여제공과정 / 3. 급여제공 / 5. 사례관리 회의)

점수 3

▣ 평가방향

수급자의 욕구, 문제, 장점, 자원 등에 대한 정확한 사정을 바탕으로 수급자에게 효과적인 급여를 제공하기 위해 노력하는지 평가

▣ 평가기준

		평가기준	평가방법
①	기관	사례관리 회의를 반기별 1회 이상 실시함 · 필수사항: 일자, 수급자명, 선정사유, 회의내용, 회의결과, 참석자명	기록
②	기관	사례관리 회의를 연 1회 이상 실시함 · 필수사항: 일자, 수급자명, 선정사유, 회의내용, 회의결과, 참석자명	
③	기관	회의결과를 30일 이내 급여 등에 반영함	

척도	점수	채점기준
우수	3	평가기준을 ①,③번 항목을 충족함
양호	2.25	평가기준 중 ②,③번 항목을 충족함
보통	1.5	평가기준 중 ①번 항목을 충족함
미흡	0	'보통'의 기준을 충족하지 못함

▣ 지표적용기간 : 23.1월 ~ 평가일

▣ 정기평가 확인방법

기준①, ②

- 사례관리 회의: 수급자의 다양한 욕구를 충족시키기 위한 방안 등을 논의하고 그에 따라 급여, 제공계획 등에 반영하여 적절한 서비스를 제공하기 위한 회의
  - 직종 구분 없이 해당급여직원 2인 이상 참여시 인정
- 회의내용은 사례관리 회의에 참석한 직원들이 논의한 의견 등이 구체적으로 명시되어 있어야 함

기준③

- '급여 등에 반영' 여부는 급여제공계획 또는 급여제공내용 변경뿐만 아니라 지역사회 자원연계 내용 반영도 포함하여 인정함
  - (지역사회 자연연계 예시) 도시락배달서비스 연계, 연계물품 지원, 난방비 지원 등

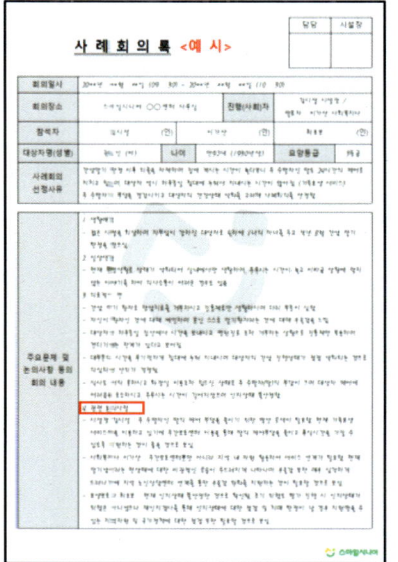
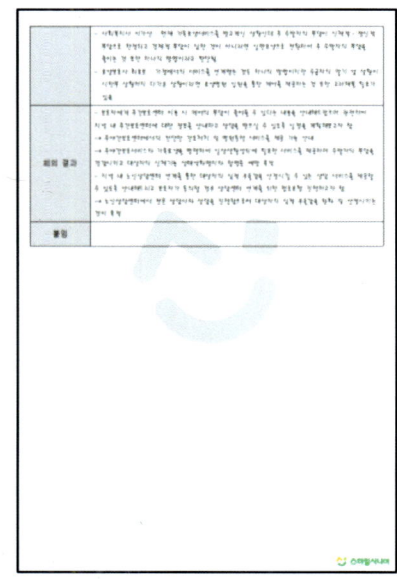

금융부문

---

5. 금여계정 결산

31. 금여계정 결산보기
32. 그 인입금 목록
33. 사내기 입출금 조사
34. 입출금 내역

| 방문목욕31
급여제공
결과평가 | 수급자별 급여제공계획에 따른 급여제공 결과를 정기적으로 평가 하여 기록합니다.
(5. 급여제공결과/1. 수급자상태/1. 결과평가) | 점수
4 |

▣ 평가방향

수급자별 급여제공계획에 따라 급여를 제공하고, 그 결과를 평가 및 반영하여 급여 제공계획을 재작성하는 등 급여의 질 향상을 위해 노력하는지 평가

▣ 평가기준

		평가기준	평가방법
①	기 관	급여제공직원은 주 1회 이상 수급자 상태변화를 충실하게 기록함	기 록 · 전 산
②	기 관	장기요양급여제공기록지를 주 1회 이상 수급자(보호자)에게 제공함	
③	기 관	개별 급여제공계획에 따른 급여제공결과를 연 1회 이상 정기적으로 평가함 - 필수사항 일자 총평 또는 종합소견 작성자명	
④	기 관	급여제공 결과평가를 반영하여 개별 급여제공계획을 30일 이내에 재작성함	

척도	점수	채점기준
우수	4	수급자 자료 표본 모두 평가기준을 충족함
양호	3	수급자 자료 표본의 75%이상 평가기준을 충족함
보통	2	수급자 자료 표본의 50%이상 평가기준을 충족함
미흡	0	'보통'의 기준을 충족하지 못함

▣ 지표적용기간 : 20.1월 ~ 평가일

- 평가기준 ③,④번 은 23년 1월부터 확인함.

▣ 확인방법

기준①

- 충실하게 기록하였는지 여부는 수급자의 상태 특이사항 등의 내용으로, 확인함
- 실제 급여제공직원이 작성하였는지 급여제공자 서명으로 확인함

※ 스마일시니어 Tip

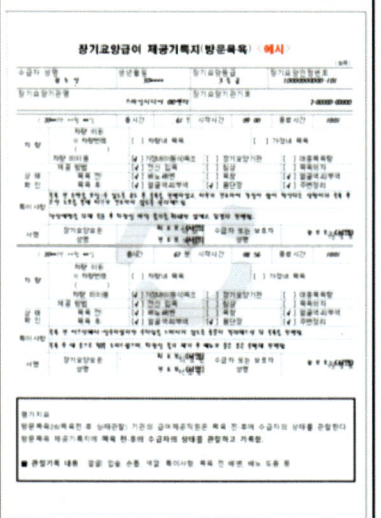

· 총시간/시작시간/종료시간
· 차량이용여부
· 제공방법
· 수급자 상태 확인
· 특이사항
  : 수급자의 상태변화
· 서명(2인)
  : 급여제공 요양보호사의 서명

방문목욕31 급여제공 결과평가	수급자별 급여제공계획에 따른 급여제공 결과를 정기적으로 평가 하여 기록합니다. (5. 급여제공결과/1. 수급자상태/1. 결과평가)	점수 4

▣ 평가방향

수급자별 급여제공계획에 따라 급여를 제공하고, 그 결과를 평가 및 반영하여 급여
제공계획을 재작성하는 등 급여의 질 향상을 위해 노력하는지 평가

▣ 평가기준

		평가기준	평가방법
①	기관	급여제공직원은 주 1회 이상 수급자 상태변화를 충실하게 기록함	기 록 · 전산
②	기관	장기요양급여제공기록지를주 1회이상 수급자(보호자)에게 제공함	
③	기관	개별 급여제공계획에 따른 급여제공결과를 연 1회 이상 정기적으 로 평가함 - 필수사항 일자 총평 또는 종합소견 작성자명	
④	기관	급여제공 결과평가를 반영하여 개별 급여제공계획을 30일 이내 에 재작성함	

척도	점수	채점기준
우수	4	수급자 자료 표본 모두 평가기준을 충족함
양호	3	수급자 자료 표본의 75%이상 평가기준을 충족함
보통	2	수급자 자료 표본의 50%이상 평가기준을 충족함
미흡	0	'보통'의 기준을 충족하지 못함

기준②

- 제공여부는 제공대장 일자 방법 수령자 또는 수취인 서명부 등으로 확인함
  - RFID로 전송한 건은 월 1회 이상 제공할 수 있으며, 수급자(보호자)가 스마트장기요양앱을
    설치하고 통보대상자로 등록 하여 기관에서 앱 설치일자가 확인되는 경우, 앱 설치 일부터
    전송내역이 확인되는 건에 대해 별도 제공하지 아니 하여도 인정함

※ 스마일시니어 Tip

- **급여제공기록지 수기 작성건 발생시 주1회이상 수급자에게 제공 합니다.**

  제공여부를 급여제공기록지에 기록하여 관리합니다.

  요양보호사 태그미전송 → 수기 급여제공기록지 작성 → 기관으로 제출하면,
  기관은 기록지 사본을 우편또는 직접,전자문서 등으로 주1회이상 제공합니다.

  제공여부,제공방법은 **급여제공기록지 제공대장**으로 관리합니다.

  우편으로 제공시에는 우체국 영수증으로 증빙합니다.

  직접 전달시에는 전달시간과 다른 스케줄이 겹치지 않도록 주의합니다.

  전자문서 또는 카카오톡 메세지등으로 전달시에는 전달시간과 전달함을 증빙할 수
  있는 발신기록 ,발신일시 확인가능한 메세지창 캡처이미지등으로 증빙가능합니다.

- **수기기록지는 1주차 1장, 2주차 1장으로 각각 주별로 관리합니다.**

  요양보호사는 수기기록지 발생시 주1회 기관 제출하고, 그 사본을 수급자에게 전
  달함으로 1주와 2주를 한장에 작성할수 없습니다. 꼭 주별로 작성하도록 교육하고
  관리합니다.

- **수급자 앱 설치일자 확인**

  장기요양정보시스템 > RFID > 전송단말기 > **수급자(보호자)통보대상 관리**

  단말기 등록 후 스마트장기요양앱 설치일자가 확인되는지 확인 필요합니다.

방문목욕31 급여제공 결과평가

수급자별 급여제공계획에 따른 급여제공 결과를 정기적으로 평가 하여 기록합니다.
(5. 급여제공결과/1. 수급자상태/1. 결과평가)

점수 4

평가방향

수급자별 급여제공계획에 따라 급여를 제공하고, 그 결과를 평가 및 반영하여 급여 제공계획을 재작성하는 등 급여의 질 향상을 위해 노력하는지 평가

평가기준

		평가기준	평가방법
①	기 관	급여제공직원은 주 1회 이상 수급자 상태변화를 충실하게 기록함	기 록 · 전 산
②	기 관	장기요양급여제공기록지를 주 1회이상 수급자(보호자)에게 제공함	
③	기 관	개별 급여제공계획에 따른 급여제공결과를 연 1회 이상 정기적으로 평가함 - 필수사항 일자 총평 또는 종합소견 작성자명	
④	기 관	급여제공 결과평가를 반영하여 개별 급여제공계획을 30일 이내에 재작성함	

척도	점수	채점기준
우수	4	수급자 자료 표본 모두 평가기준을 충족함
양호	3	수급자 자료 표본의 75%이상 평가기준을 충족함
보통	2	수급자 자료 표본의 50%이상 평가기준을 충족함
미흡	0	'보통'의 기준을 충족하지 못함

기준③

- 장기요양정보시스템 전산을 통한 급여제공모니터링 등록 또는 기관의 자체 서식 등에 필수사항을 포함하여 충실하게 기재하였는지 확인함

  ※ 급여제공모니터링 경로 장기요양기관 로그인/급여계약/급여제공계획서/급여제공모니터링

기준④

- 평가결과에 따라 30일 이내에 재작성한 급여제공계획을 확인함

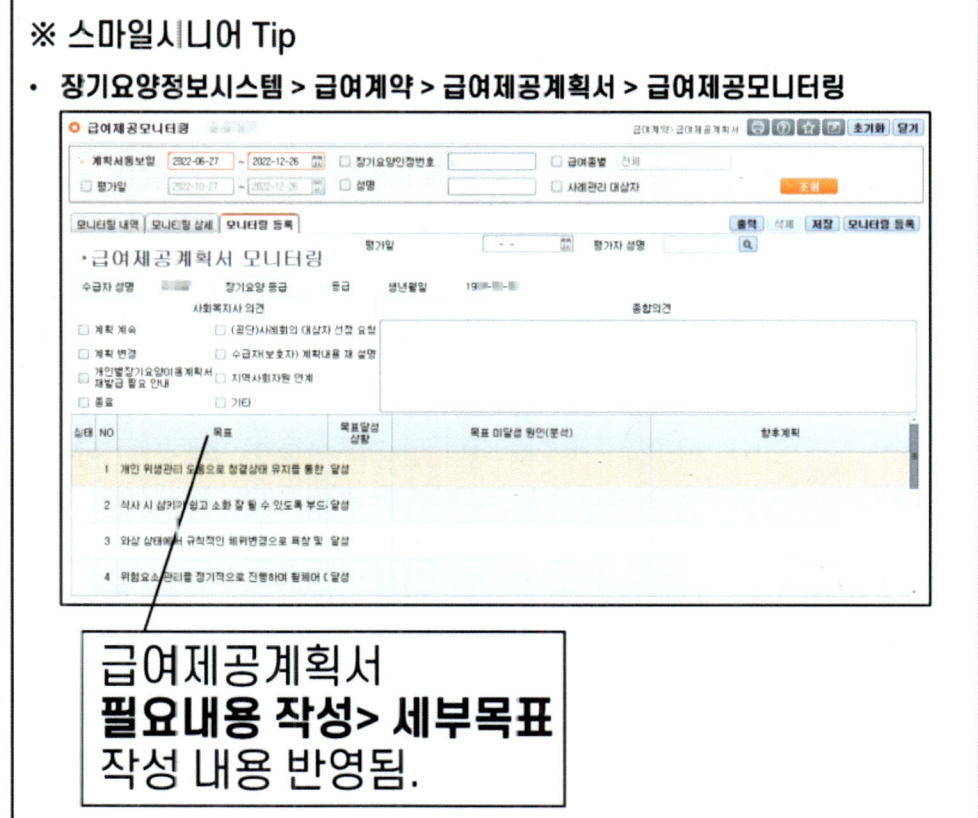

※ 스마일시니어 Tip
- 장기요양정보시스템 > 급여계약 > 급여제공계획서 > 급여제공모니터링

급여제공계획서 **필요내용 작성> 세부목표** 작성 내용 반영됨.

방문목욕32 노인인권보호	노인인권보호를 위해 노력합니다. (5. 급여제공결과/1. 수급자상태/2. 수급자 관리)	점수 5

▣ 평가방향

수급자의 학대 및 인권침해를 예방하기 위한 지침을 마련하고 수급자와 직원에게 학대 예방 교육 , 실시 및 관련 정보를 제공하는 등 노인인권을 보호하기 위해 노력하는지 평가

▣ 평가기준

		평가기준	평가방법
①	기관	모든 직원에게 노인인권 및 학대예방교육을 연 1회 이상 실시함 - 필수사항 : 교육일시,강사명,교육내용,교육방법,참석자명(서명)	기록
②	직원	직원은 노인인권 및 학대예방교육의 내용을 숙지하고 있음	면담
③	수급자	노인인권보호지침을 제공받고 내용에 대해 설명을 들음	현장,면담

척도	점수	채점기준
우수	5	평가기준을 모두 충족함
양호	3.75	평가기준 중 ①,②번 항목을 충족함
보통	2.5	평가기준 중 ①,③번 항목을 충족함
미흡	0	'보통'의 기준을 충족하지 못함

▣ 지표적용기간 : 20.1월 ~ 평가일

- 평가기준 ①번의 교육실시에 대한 기록과 ③번의 노인인권보호지침 제공은 23년1월부터 확인함

  단, 22년 1월까지 평가기준 ③번은 직전 정기평가기준 으로 확인함

  직전평가지표 25번(자료제공) 노인학대예방 자료를 수급자(보호자)에게 제공하고 설명하였는지 확인함

▣ 확인방법

기준①

- 모든 직원에게 연 1회 이상 노인인권과 학대예방교육을 모두 실시하였는지 관련 자료를 확인함
  - 교육방법 : 자체교육 외부강사초빙 온라인 교육 이수 등
  - 교육내용 : 노인권리보호,노인 학대 유형,노인 학대 예방 및 대응방법
- ※ 관련 법정의무교육을 이수한 경우 이수증 또는 수료증과 교육내용을 확인하여 교육실시 인정

※ 스마일시니어 Tip

인권교육은 교육자격이 있는 자 만이 교육을 진행 할 수 있습니다.

- 한국보건복지인재원 : https://in.kohi.or.kr
- 노인인권 집합교육신청 플랫폼 : https://noinedu.or.kr
- 매년 4시간 이상(인터넷 교육의 경우, 6시간 이상)

  2019년부터 적용되며, 법 시행일(노인복지시설:'18.4.25, 재가장기요양기관: '18.9.14.)

  이후부터 2018년 12월 31일까지 이수한 교육은 2019년 실적으로 인정됨(시군구보고)

- 교육방법
  - 집합 교육 : 인권교육기관이 연간 인권교육계획에 따라 진행
  - 방문 교육 : 인권교육 강사가 노인복지시설·재가장기요양기관에 직접 방문하여 진행
  - 인터넷 교육 : 인권교육기관의 사이버교육센터를 활용하여 진행
- 주요 교육내용
  - 노인의 인권과 관련된 법령·제도 및 국내외 동향
  - 노인복지시설 또는 장기요양기관에서 발생하는 인권침해 사례
  - 노인복지시설 또는 장기요양기관에서 인권침해가 발생했을 경우의 신고 요령 및 절차 등

방문목욕32 노인인권보호

노인인권보호를 위해 노력합니다.
(5. 급여제공결과/1. 수급자상태/2. 수급자 관리)

점수 5

□ **평가방향**

수급자의 학대 및 인권침해를 예방하기 위한 지침을 마련하고 수급자와 직원에게 학대 예방 교육, 실시 및 관련 정보를 제공하는 등 노인인권을 보호하기 위해 노력하는지 평가

□ **평가기준**

		평가기준	평가방법
①	기관	모든 직원에게 노인인권 및 학대예방교육을 연 1회 이상 실시함 - 필수사항: 교육일시, 강사명, 교육내용, 교육방법, 참석자명(서명)	기록
②	직원	직원은 노인인권 및 학대예방교육의 내용을 숙지하고 있음	면담
③	수급자	노인인권보호지침을 제공받고 내용에 대해 설명을 들음	현장, 면담

척도	점수	채점기준
우수	5	평가기준을 모두 충족함
양호	3.75	평가기준 중 ①,②번 항목을 충족함
보통	2.5	평가기준 중 ①,③번 항목을 충족함
미흡	0	'보통'의 기준을 충족하지 못함

기준②

- 급여제공지침의 10개 항목 중 노인인권보호지침(노인 인권 및 학대 예방)교육의 내용에 대하여 직원과 면담으로 확인함

※ **스마일시니어 Tip**

스마일시니어는 전직원을 대상으로 연1회이상 **노인인권 및 노인학대예방**이 포함된 급여제공지침을 교육합니다.

전직원 교육 이후 입사한 신규입사자의 경우 **신규직원 교육**시 급여제공지침교육을 실시합니다.

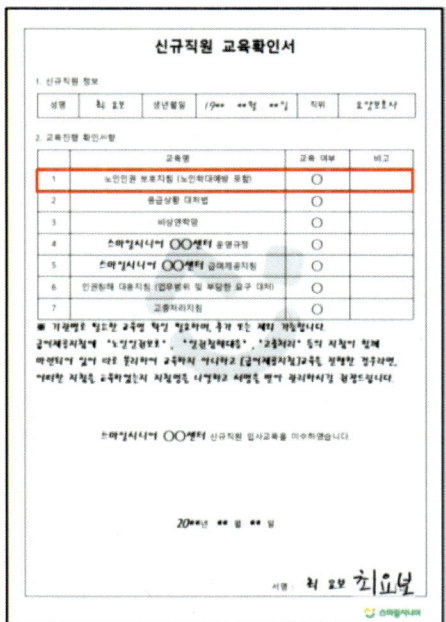

※ 스마일시니어 급여제공 지침 List
1. 종사자 윤리지침
2. 성폭력 예방 및 대응지침
3. 응급상황 대응지침
4. 감염예방 및 관리지침
5. 치매예방 및 관리지침
6. 욕창예방 및 관리지침
7. 낙상예방 및 관리지침
8. 노인 인권 보호지침
9. 근골격계 예방지침
10. 개인정보 보호지침
11. 직장 내 괴롭힘 예방 및 대응지침
12. 인권침해 대응지침
13. 고충처리지침

성취기준 3-2

수준	근로인력복무를 위해 구현합니다. (5. 공익근무장점/1. 수급자유형/2. 수급자 장점)	5

▣ 평가방향

수급자의 특성 및 인지상태를 파악하기 위한 지원을 제공하고 수급자가 지원하게 더 나은 교육, 훈련 및 관련 정보를 제공하는 등 근로인력복무를 위해 구현하는 지 평가

▣ 평가기준

평가영역	평가기준	평가방법
① 기록	근로 지원인이 근로인력복무를 위한 데이터베이스의 내용을 지 1회 이상 작성 — 필수사항: 교육상시, 강사상시, 교육내용, 교육일자/시, 교사사자(서명) 등	기록
② 지침	지원하는 근로인력복무를 위한 데이터베이스의 내용을 지기하고 있는	면담
③ 소통	근로인력복무지원과 지원하고 지원하여 내용에 대해 지원하는 등 절차 등	수기관, 면담, 운영

점수	채점기준
5	평가기준 모두 충족함
3.75	평가기준 중 ①,② 항 항목이 충족함
2.5	평가기준 중 ①,② 항 항목이 충족함
0	'항목이 기준을 충족하지 않음

※ 어떻게 서녀도 Tip

이것에서는 수공부 평가 계속시 근로인력복무지 지침을 획득하고 완성합니다.

- 근로인력복무지침: 근로인력복무, 수급자 장점, 근로자 자원, 근로자 이에 대 대응방법
- 교정 등 확인하고 인정 정보를 준수하는 수공부(복무지) 운영변경

• 근로자지원인이 10개 항목 중 하나 항목 근로인력복무지지침에 재공하고있는 지(복무지기 제공변경)

기준 ③

※ 기준이 한나이상
해당 기준이 확실히
확실한 없는것
부의 점검합니다.
※ 기록이 하나라도 수공자가
한장에 인지하고 있는지
확인 점검

방문목욕33 서비스 만족도 조사 (유선)

수급자는 기관의 급여에 대해 만족합니다.
(5. 급여제공결과/2. 만족도 평가/1. 만족도평가)

점수 4

▣ 평가방향

기관이 수급자 보호자 의 만족도 향상을 위하여 노력하는지 평가

▣ 평가기준

		평가기준	만족 2점	보통 1점	불만 0점
①	수급자	기관이 장기요양제도나 서비스내용에 대해 안내를 잘 합니까?	☐	☐	☐
②	수급자	기관이 귀하의 요구사항을 해결하기 위해 노력합니까?	☐	☐	☐
③	수급자	직원이 예의를 갖추고 친절하게 서비스를 제공합니까?	☐	☐	☐
④	수급자	기관이 정확한 본인부담금액 및 납부방법을 안내합니까?	☐	☐	☐
⑤	수급자	기관에서 제공하는 서비스 내용에 대하여 만족하십니까?	☐	☐	☐

척도	점수	채점기준
우수	4	평가기준의 수급자 표본 조사결과 평균이 9점 이상 ~ 10점임
양호	3	평가기준의 수급자 표본 조사결과 평균이 7점 이상 ~ 9점 미만임
보통	2	평가기준의 수급자 표본 조사결과 평균이 6점 이상 ~ 7점 미만임
미흡	0	평가기준의 수급자 표본 조사결과 평균이 6점 미만임
해당없음	제외	기관에 만족도 조사가 가능한 수급자(보호자)가 없음

▣ 지표적용기간 : 20.1월 ~ 평가일

▣ 확인방법

- 평가기간 중 수급자(보호자)에게 유선으로 질문하여 확인하며 공단의 별도 계획에 따라 실시함

※ 스마일시니어 Tip

· 평가시 **수급자 질문**내용 정리

1. 청결상태 확인
- 구강상태, 틀니 보관상태(수돗물), 두발, 손·발톱 등
- 팔다리 각질유무 (로션이나 오일 자주 발라주기)
- 신체부위에 멍이나 상처 여부 (상처 위에 파스 부착)
- 수급자 방 / 화장실, 주방 : 침대 각질제거 및 정리정돈 상태 / 화장실의 청결상태, 냉장고 음식물 곰팡이 확인, 싱크대, 행주, 정수기의 청소상태

2. 기관으로부터 급여제공범위와 직원 대우에 관하여 안내를 받았는지 평가
- 급여제공범위 : 요양보호사의 업무
- 직원대우 : 가사도우미X, 부당한 대우X
- 요양보호사가 근무시간을 잘 지키며, 시간 변경 시 미리 알리는지 확인

3. 기관에서 수급자의 상태 및 욕구에 따라 개별적인 욕구를 반영한 급여를 제공받음
- 수급자가 원하는 서비스를 알맞게 제공하는지 확인
- 요양보호사가 서비스 전 내용을 설명하는지 확인

4. 기관으로부터 자료를 제공받았으며 예방에 대해 설명을 들었는지 확인
  교육자료 7가지 현장확인

5. 신체기능 유지 향상을 위한 급여를 제공 받는지 확인
- 기본동작훈련 : 체위변경, 이동도움, 지켜보기
- 일상생활동작훈련 : 식사준비, 목욕, 몸단장 옷갈아입기

6. 기관이 본인일부부담금 납부에 대하여 안내를 잘하는지 확인
- 월 1회 급여비용명세서 제공여부

방문목욕34 질향상노력	수급자에게 최상의 서비스 제공을 위해 노력합니다. (5. 급여제공결과/2. 만족도 평가/1. 만족도평가)	점수 1

▣ 평가방향

평가지표에 반영되지 않는 기관의 우수한 사례나 강점 서비스 내용 충실도 등 기관이 , 서비스 질 향상을 위해 노력하는지 평가

▣ 평가기준

평가기준			평가방법
· 지표적용기간 : 2020년. 1월 ~ 평가일			
①	기 관	수급자의 서비스 만족도 향상을 위해 노력함	기 록 · 현장
②	기 관	직원의 직무 만족도 향상을 위해 노력함	
· 지표적용기간 : 2020년. 1월 ~ 2022. 12월			
③	기 관	적정한 경영실태조사 및 관련 자료를 제출하여 최종 패널로 선정됨	전 산
· 지표적용기간 : 2020년. 1월 ~ 2023년 평가 종료일			
④	기 관	청구상담봉사자로 위촉되어 활동한 실적이 있음	전 산

기준	점수	채점기준
①	4	평가기준을 충족함
②	3	평가기준을 충족함
③	2	평가기준을 충족함
④	0	평가기준을 충족함

▣ 지표적용기간 : 20.1월 ~ 평가일

▣ 확인방법

기준①

- 수급자의 만족도 향상을 위하여 서비스 제공과정과 관련된 우수한 사례가 있는지 확인함
  - 가족 참여 프로그램 운영, 특화 프로그램 운영, 치매대상 보호자 자조모임 진행, 자체 서비스 설문조사 등

기준②

- 직원의 직무 만족도 향상을 위한 우수한 사례가 있는지 확인함
  - (예시1) 법정의무사항 및 타 평가지표와 중복되지 않는 직원의 직무 만족을 위해 노력한 우수 사례 등
  - (예시2) 연간 인건비 지출비율 준수('22년 기관이 공단에 전송한 신고내역 기준)
  - (예시3) 요양보호사와 월급제로 근로계약을 체결하고 그에 따라 급여를 지급

1) 요양보호사 월급제 평가기준 20%

· 월급제 요양보호사 비율이 이상인 기관

- 분모 : 지표적용기간 동안 1년 이상 연속하여 근무한 요양보호사
- 분자 : 분모 중 1년 이상 연속하여 실제 월급을 받은 요양보호사
- 비율 : 분자/분모×100(소수점 첫째자리에서 반올림)

2) 기본조건

· 월급제 정의 : 서비스 제공 인원 변경 및 근로일수에 관계없이 고정적으로 월액이 지급되는 임금형태

· 근로계약서상 월급제로 명기되고 1년 이상 근로계약서에 기재된 월급을 받은 직원 (가족요양보호사 제외)

· 확인자료 : 근로계약서, 임금대장, 입금내역, 공단 전산자료 등

방문목욕34 질향상노력

수급자에게 최상의 서비스 제공을 위해 노력합니다.
(5. 급여제공결과/2. 만족도 평가/1. 만족도평가)

점수 1

📋 평가방향

평가지표에 반영되지 않는 기관의 우수한 사례나 강점 서비스 내용 충실도 등 기관이, 서비스 질 향상을 위해 노력하는지 평가

📋 평가기준

평가기준			평가방법
· 지표적용기간 : 2020년. 1월 ~ 평가일			
①	기 관	수급자의 서비스 만족도 향상을 위해 노력함	기 록 · 현장
②	기 관	직원의 직무 만족도 향상을 위해 노력함	
· 지표적용기간 : 2020년. 1월 ~ 2022. 12월			
③	기 관	적정한 경영실태조사 및 관련 자료를 제출하여 최종 패널로 선정됨	전 산
· 지표적용기간 : 2020년. 1월 ~ 2023년 평가 종료일			
④	기 관	청구상담봉사자로 위촉되어 활동한 실적이 있음	전 산

기준	점수	채점기준
①	4	평가기준을 충족함
②	3	평가기준을 충족함
③	2	평가기준을 충족함
④	0	평가기준을 충족함

기준③

- 경영실태조사표 및 관련 자료 제출 : 담당부서로부터 자료를 제공받아 평가에 적용

  1) 평가방향
     · 신뢰성 있는 장기요양기관 경영실태조사가 될 수 있도록 조사사항에 대하여 성실하게 응답하는 기관의 노력도 반영
  2) 평가기준 : 지표적용기간 동안 1회 이상 경영실태조사 대상기관으로 선정되어 조사를 완료하고 최종 장기요양기관 패널로 선정된 기관
     · 기관의 적정성
     - 경영실태조사대상년도의 개월 월 장기요양급여 지급실적이 있음
     - 건강보험 체납이 없고 경영실태조사 대상 직전년도 이후 행정처분 이력이 없는 기관
     · 응답의 성실성
     - 기관이 응답한 금액이 장기요양급여비용 평가 인센티브 지급액 포함 지급액과 오차 허용범위 내에서 일치
     - 기관이 응답한 지출금액이 증빙자료로 증빙 가능함
       예) 직원 인건비(근로자원천징수영수증, 은행 입금증, 급여명세서 등)
  3) 대상기준
     · ('20년 조사 참여 ~ '22년 조사 참여)경영실태조사 대상기관으로 선정되어 조사완료 후 '20년 ~ '22년 장기요양기관 패널로 최종 선정된 기관

| 방문목욕34
질향상노력 | 수급자에게 최상의 서비스 제공을 위해 노력합니다.
(5. 급여제공결과/2. 만족도 평가/1. 만족도평가) | 점수
1 |

▣ 평가방향

평가지표에 반영되지 않는 기관의 우수한 사례나 강점 서비스 내용 충실도 등 기관이 , 서비스 질 향상을 위해 노력하는지 평가

▣ 평가기준

	평가기준		평가방법
·지표적용기간 : 2020년. 1월 ~ 평가일			
①	기 관	수급자의 서비스 만족도 향상을 위해 노력함	기 록 · 현장
②	기 관	직원의 직무 만족도 향상을 위해 노력함	
·지표적용기간 : 2020년. 1월 ~ 2022. 12월			
③	기 관	적정한 경영실태조사 및 관련 자료를 제출하여 최종 패널로 선정됨	전 산
·지표적용기간 : 2020년. 1월 ~ 2023년 평가 종료일			
④	기 관	청구상담봉사자로 위촉되어 활동한 실적이 있음	전 산

기준	점수	채점기준
①	4	평가기준을 충족함
②	3	평가기준을 충족함
③	2	평가기준을 충족함
④	0	평가기준을 충족함

기준③

- 청구상담봉사자 : 담당부서로부터 자료를 제공받아 평가에 적용

1) 평가방향
   · 개인 업무시간을 할애하여 청구상담봉사자로 참여하는 기관에 대해 봉사자의 적극적인 활동 유도 및 장기요양기관 간 청구업무 지식의 선순환으로 올바른 청구문화 확산
2) 평가기준 : 급여종류별로 '22년까지 위촉된 청구상담봉사자의 상담실적 중 아래 경우에 해당하는 기관
   - 2020.1월 ~ 평가 종료월까지 청구상담봉사자로 위촉기간동안 상담실적 1건 이상
3) 지원 자격
   · 장기요양 청구 업무에 능숙하고 봉사 정신이 투철한 기관 직원
   · 청구경력이 60개월 이상인 장기요양기관 직원
   · 최근 3년간 부당청구 등으로 인한 행정처분 이력이 없는 기관 직원
   · 최근 3년간 부당청구 관련자 등록이력이 없는 지원자
   · 건강보험료 체납이 없는 자 ...'22년 12월 기준
4) 방법 : 매년 지원 또는 추천받아 선발하며, 상담유형을 지정함

방문요양센터 평가의 모든 것! 방문목욕

1판1쇄 2023년 3월 1일
지은이 : 스마일시니어
출판기획 : 김슬기
제작담당 : 김슬기, 윤주희
표지디자인 : 권혁희
펴낸곳 : 스마일시니어
주소 : 서울특별시 강남구 테헤란로2길 27 패스트파이브1403호
전화 : 1661-5290
이메일 : smile_edu@kslab.co.kr
홈페이지 : https://partner.smilesenior.co.kr/
ISBN : 979-11-977143-3-7

이 책은 저작권 법에 의해 보호받는 저작물이므로 무단 전재와 무단 복제를 금합니다.

⁎ 잘못 만들어진 책은 교환해드립니다.
⁎ 책값은 표지에 있습니다.
* 운영관련 업무통합본을 제공합니다.
 구매 사이트 정보와 결제 증빙 자료를 포함하여 smile_edu@kslab.co.kr로 메일 접수시 구매 여부 확인 후 제공합니다.